JN439785

내 안의 흑백사진

김 필 규 산문집

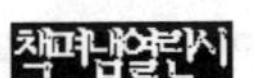

김필규(金弼圭) 시인은 경북 의성군 비안면 현산리에서 출생
호 고암(古巖). 경북대학교 사범대학 국어교육과 졸업. 동아대학교 대학원 국어국문학과 석사과정 졸업. 현재 한글학회, 전국국어국문학회 회원이며 시집으로 『잡목으로 서서』, 『가슴에 흐르는 강』이 있습니다.

내 안의 흑백사진

저 자/ 김 필 규
펴낸이/ 최 명 자
펴낸곳/ 책펴냄열린시

600-013 부산광역시 중구 중앙동 3가 14-1
전화 051) 464-8716 (FAX 겸용)
출판등록. 1991. 2. 4
등록번호. 제 02-01-256호

첫판 찍은 날. 2006년 6월 20일
첫판 펴낸 날. 2006년 6월 25일

파본이나 잘못된 책은 바꾸어 드립니다.
값 10,000 원
ISBN 89-87458-52-0 03810

내 안의 흑백사진

책을 내며

겨울이 꼬리를 슬그머니 감추는가 했더니 마지막이란 듯이 봄눈을 흩뿌리고, 봄바람이 부는가 했더니 가끔 찾아오는 황사바람에도 어느새 꽃은 피고 지고, 온 산야는 연두빛에서 차츰 짙은 녹색으로 물들어 가는 것이, 여름을 향해 순서대로 가고 있음이 틀림없다. 산천은 매일 빛깔이 달라진다. 인생도 또한 그러하리니.

가는 계절은 가더라도 다시 돌아오겠지만, 그 해 그 계절은 아닌 것이다. 마찬가지로 똑 같은 생활을 반복하는 것 같지만 조금씩 달라져 가는 인생이 아닌가. 흔한 말로 어제 다르고 오늘 다른 것이다.

보잘 것 없는 시(詩)이지만 시집 두 권을 낸 바 있다. 그러면서, 시가 있는 자리엔 산문도 있음을 알았다. 아니 산문이 있는 자리에서 시가 탄생했는지도 모르겠다.

몇 년 전에 처박아 둔 책을 정리하다가 고등학교 때의 일기장을 보았다. 큰 노트에다 쓴 것이었는데 여남은 권은 되었다. 이것을 읽어 보고는 참 속으로 부끄러웠다. 내 본래 글씨도 졸필인데다가 내용도 어찌 그리 유치하고 형편 없는

지. 그래서 나는 그것을 다 불태우고 말았다. 지금 생각하니 그것도 후회되는 일이다.

워낙 글재주가 없어서 진작부터 생각하고 써 온 글들을, 때로는 불살라버리기도 했지만, 이제 더 이상 나를 속일 수는 없었다. 못난 얼굴이라고 방안에 처박혀만 있을 수 없듯이, 글재주 없다고 처박아 둘 일은 아니라는 생각이 들었다. 비웃음과 나무람이 있더라도 생긴대로 내어 놓기로 마음먹었다.

어제의 일은 오늘 추억으로 반추된다. 하물며 오랜 세월 살아왔으니, 나에게도 많은 추억은 있다.

추억에는 아름다운 추억도 있지만, 때로는 아픈 추억도, 부끄러운 추억도 있다. 아름다운 추억들과 추억 속의 사람들은 그리워 하고, 잘못된 추억들은 늦었지만 반성하는 계기가 되기도 하리라.

이제 무엇을 감추겠는가. 지난 날은 길고 남은 날은 짧은데. 다 말할 수는 없더라도 조금은 중얼거리고 가야 후회하지 않으리라. 내 안의 흑백사진을.

2006년 5월

허산재(虛山齋)에서

제 1 부

제 2 부

제 3 부

제 4 부

제 5 부

제 1 부

천자문(千字文)의 추억
고향 느티나무
책상
아버지의 단주(斷酒)
자취(自炊)
대보름의 추억
친구
초등학교 동기회
매화분(梅花盆)
국화의 잔해를 치우며
지각생
황사바람 부는 날에

천자문千字文의 추억

내 오래 묵은 사람이지만 옛날 서당식 교육이라곤 천자문 한 권 뗀 것이 전부다. 초등학교에 들어가기 전에 내 이웃에 선비 한 분이 계셨는데, 나보다 몇 살씩 위인 사람들이 그 집에서 천자문을 배우고 있었다. 학교에 들어가지 못한 사람들이 몇이 모여 천자문 책을 끼고 그 집을 드나들었던 것이다. 나는 그들이 천자문 읽는 소리를 듣고 부모님을 졸라 거기 보내 달라고 해서 다니게 되었다.

먼저 온 사람들은 나보다 대여섯 살씩 위인 형들이었고, 내가 갔을 때 그들은 천자문의 중간쯤 배우고 있었다. 형들 속에 꼬마가 하나 끼인 셈이었다. 그들은 하루 두 줄씩 배우는데 나는 그들을 따라가기 위해 하루 넉 줄씩 배웠다.

천자문을 배운다는 것이, 쓰기보다는 주로 외는 일이었다. 연필이나 붓으로 쓴 기억은 없다. 요즘 천자문 책은 밑에 한글로 음훈(音訓)을 다 달아 놓았지만 그때는 한자(漢字)만 있었다. 설사 한글로 음훈이 달려 있다손 치더라도 한글조차 몰랐으니 읽을 수가 없었을 것이다. 커다란 크기의 책

속에는 언제나 책대를 끼워 가지고 다녔고, 읽을 때는 책대로 글자를 짚으면서 읽었다. 글을 읽을 때 글자를 짚어 가면서 읽는, 30cm 정도 되는 대나무 막대를 책대라 불렀다.

하늘 천(天), 따 지(地), 감을 현(玄), 누르 황(黃)
집 우(宇), 집 주(宙), 넓을 홍(洪), 거칠 황(荒)

노래하듯이 목청껏 소리내어 읽고 또 읽었다. 서당에서 배우면 집에 와서 몇 번씩 외었다. 재미가 있어 자꾸 읽곤 했다. 그러면 할아버지 할머니께서 잘한다고 칭찬해 주셨고, 칭찬 받는 재미로 더욱 열심히 읽었던 것 같다. 서당에 가면 선생님이 또 칭찬해 주셨다. 간혹 두 줄씩 배우는 형들도 자주 틀리는데, 나는 그런 적이 없었던 것 같다. 그래서 훈장님은 나를 재주 있다고 늘 말씀하시고, 할아버지나 할머니나 부모님을 만나면 내 이야기를 하면서 칭찬을 해 주셨다.

이를 위(謂), 말씀 어(語), 도울 조(助), 놈 자(者)
잇기 언(焉), 잇기 재(哉), 온 호(乎), 잇기 야(也)

드디어 천자문을 다 떼는 날, 부모님께선 책거리 떡을 해서 훈장님 댁으로 가져 가셨다. 나는 늦게 서당에 합류하여 배우기 시작했지만 형뻘 되는 사람들과 같이 떼었다.

그 당시 내 다음 다음 동생이 하나 있었는데, 이 아이가 아무래도 재주가 나보다 더 뛰어났던 것 같다. 당시 그 동생은 너댓 살 정도 되었는데, 내가 읽는 천자문을 그는 옆에서 듣고 다 따라 읽었다. 나는 그 동생이 자꾸 내 책을 보는 것에 심술이 났었던가, 내가 밖에 나갈 때는 책을 농 위에 얹어 놓고 가는데, 그는 배게를 포개어 놓고 올라서서 끄집어내려 읽곤 하였다.

그렇게 총명하고 귀엽던 아이, 그 아이는 얼마 후 홍역으로 죽고 말았다. 그 아이의 무덤이 우리 마을 안쪽 산골짜기, 사람이 잘 다니지 않는 곳에 있었다. 아이들의 무덤을 '아총(兒塚), 애총'이라 하는데 우리 마을에선 '애창'이라 불렀다. 마을에서 홍역이 한번 지나가면 죽어나는 아이들이 많았기 때문에, 그 골짜기엔 애창이 여럿 있었던 것으로 기억한다. 그래서 우리는 산에 나무하러 가거나 여름에 소먹이러 산에 가도 그 골짜기엔 무서워서 잘 가지를 않았다.

그런데, 나는 그 어린 나이에 무서움을 타면서도 그 골짜기에 가서 동생의 무덤을 여러 번 찾아간 기억이 난다. 어른들의 무덤은 봉분도 크고 잔디를 입히고 하지만, 아이들의 무덤은 그렇지 않았다. 조그만 봉분에 큰 돌로 덮여 있었다. 그 당시 나는 참 안타까운 생각이 들었다. 저렇게 큰 돌을 얹어 놓으면 무거워 어쩐단 말인가. 그런데 나중에 이야기를 들으니 돌을 얹는 이유가 여우와 같은 짐승들이 파헤치는 것을 방지하기 위한 것이라 했다.

나는 고등학교 때 소설을 쓴답시고 소설을 하나 썼는데, 그 동생을 내용으로 하는 것이었다.

죽은 아우를 그리워해서 가을 코스모스를 꺾어 들고 아우의 무덤에 간다. 아우가 보고 싶어 그 무덤에서 울다가 내려 와서 그는 객지에 공부하러 갔고, 다음 해 가을에 그 무덤에 찾아가니 코스모스 몇 떨기가 피어 있었다. 그 코스모스가 아우의 영혼이라 생각한다.

대충 이런 내용이었다.
나는 또 10여년 전에 이런 시도 썼다.

새벽 단상

밤새 허기진 비둘기 울음 소리
처마 밑에 굴러가는 신새벽
지금쯤 고향 산골에
여우 새끼도 울어서
빈 산을 헤매일 게다

내가 배우던 천자문을 다 따라 읽던
영원히 나이 먹지 않는
다섯 살짜리 내 동생
무덤 가에 들국화는 피었을까

그의 무덤엔

왜 그 큰 돌을 얹어 두었는지
이 나이에 깨닫는다
그의 날카로운 영혼이
허공에 흩어짐을 막으려는
젊은 아버지의 가슴인 것을

—나의 시집 『잡목으로 서서』 중에서

어느 새벽에 잠은 오지 않고 그 고향 산골짜기와 지금은 얼굴도 기억나지 않지만 그 총명하던 내 동생, 그리고 어릴 때 본 내 동생 무덤의 커다란 돌이 생각났던 것이다. 60년이 지난 지금도 '천자문' 하면 나는 먼저 그 동생이 늘 떠오르곤 한다. 오늘도 그렇다.

천자문을 뗀 이후 나는 한문을 따로 배워본 기억이 별로 없다. 대학에서도 국문학과를 전공했지만 별로 한문을 따로 배운 기억은 없다. 그러나 나는 고등학교에서 국어를 가르치고 국어교사는 한문도 가르쳐야 했기 때문에 한문도 가르쳤다. 한문을 가르치자니 공부를 안할 수가 없었다. 예비고사에 한문이 출제되면서 한문이 상당한 비중이 되었다. 그 결과 나는 예비고사 준비용 한문 문제집을 내기도 했다. 어쩌면 그 철없던 시절에 배운 천자문이 나로 하여금 뒤에 한문 선생이 되게까지 했는지도 모른다는 생각이 든다.

나는 이렇게 늙었는데, 아직도 다섯 살밖에 먹지 않은 내 동생이 이렇게 오랜 세월 뒤에 또 그리워진다. 지금은 얼굴 윤곽도 잘 기억되지 않지만. 만약 그 동생이 살아 있었다면 그 총명한 재주로 우리 집안은 지금보다 훨씬 좋아졌을지도 모른다는 생각이 든다.

고향 느티나무

시골 어느 마을을 가나 고목 하나쯤 서 있지 않은 마을이 없다. 소나무도 있고, 버드나무도 있고, 팽나무도 있고, 이팝나무도 있지만, 그래도 가장 많은 마을 지킴이는 느티나무다.

우리 마을에도 천 년은 넘었음직한 느티나무 하나가 마을을 지키고 있었다. 마을 지킴이 나무는 대개 마을 앞이나 마을 어귀에 있는데, 우리 고향 느티나무는 마을 나지막한 뒷산 바위에서 언제나 마을을 내려다보고 있었다.

마을 뒷산은 마을에서 높이가 10여 미터밖에 안 되고 그 산등성이가 길게 누워 있어 우리는 흔히 산등성이를 구렁이 등에다 비기곤 했다. 우리는 그 산등성이를 뒷재라 불렀다. 그 산등성이가 몇 백 미터 달려오다가 우리 마을 끝에서 멈췄다. 그 끝을 마을 사람들은 새장 끝이라 불렀는데, 무슨 뜻이며 왜 그렇게 불렀는지는 들은 바 없다. 뒷재를 따라 열 댓 집이 일렬로 붙었고 몇 집이 앞으로 한 걸음 나와 있기도 했다.

그 마을 뒷재 중간쯤에 느티나무가 반석을 뿌리로 감싸 안고 서 있었다. 나무 아랫둥치 크기를 우리 어릴 때 곧잘 팔로 재어보곤 했는데, 지금 기억으로 열 아름쯤 되었던 것으로 기억한다.

지상에서 1m쯤 되는 부분에서 큰 가지가 둘로 갈라진 듯, 그 중 한 가지는 거의 두세 아름 정도 되는 죽은 가지였고, 위로 뻗은 가지가 다 죽어 떨어져 나가고 어른 키만큼만 남아 속이 텅 비어 있어 우리는 돌로 그 속 빈 나무통을 두드리며 노래 부르고 놀았다. 다른 한 가지가 살아서 온 반석을 그늘로 만들었고 그 반석에서 여름이면 어른들이 한낮 쉴참에 낮잠을 자기도 하고 바위에 고누를 그려 놓고 고누를 두기도 했다. 어른들이 일 나가고 없어야 아이들 세상이 되었다.

여름 낮이면 매미소리가 귀가 따가울 정도로 시끄러웠고 밤이면 소쩍새가 그 나무에서 구슬피 울었다.

어른 아름으로 한 아름쯤 되는 뿌리 하나가 반석 위를 지나가서 5, 6m 떨어진 곳에서 땅 밑으로 들어가 있었다. 추리한다면 아마 그 뿌리가 원래는 흙 속에 묻혀 있었던 것이 세월이 흐름에 흙이 깎이고 깎이어 뿌리가 완전히 드러난 것이 아닐까 한다. 그 큰 뿌리가 드러날 정도로 흙이 깎이자면 얼마나 많은 세월이 흘렀을까. 적어도 몇 백년, 아니 몇 천 년은 좋이 흐른 것이 아닌가 생각한다. 이는 죽은 빈 통만 남은 가지를 봐도 알 수 있다. 마을 사람들이 알기로는 그 빈 통만 남은 나뭇가지는 어른들이 어렸을 때도 그 모양이었다고 했다.

오월 단오가 되면 집집마다 짚을 한 두 단씩 모아 어른들이 그넷줄을 꼬아 그 나무에 그네를 매어 뛰고 놀았다. 처녀 총각이 그네를 뛰면 그네가 가는 방향을 보고 어느 마을로 시집 가느니 장가 가느니 하고 놀려대기도 했다.

나는 그 고향 느티나무를 두고 시 두 편을 쓴 적이 있다.

고향 느티나무 · 2

천 년 묵은 뿌리
반석을 끌어안고
만 년 묵은 반석
뿌리 잡고 앉다

고조 할배 고누 두시던 자리
증조 할배 고누 두시고
증조 할배 고누 두시던 자리
할배가 고누 두시고
할배 고누 두시던 자리
울 아부지 고누 두시다가 낮잠 주무시던 곳

조상들이 고누 두시던 자리에서
마지막 후손 고누 배우다가
자동차 타고 나간 후

반석은 저리도 텅 비어
천 년 묵은 느티
외로움에 지쳐
불꽃으로 가 버렸네
나무를 끌어안고 울던 매미도
이젠 대처에 가
전신주 끌어안고
전깃불에 울고 있다네

—나의 시집『잡목으로 서서』중에서

어느 핸가 고향을 갔더니 그 느티나무가 없어졌다. 썩은 둥치만 형편없는 나무토막이 되어 땅에 뒹굴고 있었다. 나는 그 자리에 주저앉고 말았다. 어찌 된 일인가?

오르내리며 뛰어놀던 그 산등성이는 우리들의 놀이터요 운동장이었다. 우리는 그 잔디밭에서 뛰고 구르며 놀았다. 때로는 씨름도 하고 달리기도 하고 술래잡기도 했다. 그러다 지치면 느티나무 밑 반석에 앉아 고누를 두기도 하고 속이 빈 느티나무 둥치에 올라가 돌로 북치듯이 두드리며 노래를 부르기도 했다.

그 잔디밭 산등성이가 지금은 풀과 잡목이 우거져 사람 다니기도 어려울 정도가 되어 있었다. 느티나무 있던 자리에서 마을을 내려다보니 다소곳하던 초갓집은 온데간데 없고 무슨 푸르쭉쭉한 기왓장으로 지붕이 덮여 있었다. 내가 태어나서 자라던 집은 아예 없어지고 그 자리에 시멘트집이 새로 들어섰다. 집 앞에 대추나무도, 뒤안에 있던 감나무도 복숭아나무도 흔적 없이 사라졌다.

마을 사람을 잡고 물어 보았다. 느티나무가 어찌 되었느냐고.

속이 빈 둥치 안에 벌집이 있었단다. 그 벌집을 없애느라 마을 사람들이 불을 놓았단다. 그랬더니 살아 있는 그 큰 나뭇가지까지 불로 인해 죽어버렸단다. 천 년 묵은 느티나무를 한 순간에 산 채로 화장하고 말았던 것이다. 진작 관계당국에서 알았더라면 보호수쯤으로 지정 받았을 나무인데… 오호애재(嗚呼哀哉)라.

느티나무가 없어졌다. 그 옛날의 집들도 뒷재도 다 없어졌다. 내가 살던 집도 나무도 흔적이 없다. 고향이 송두리째 없어진 것이다. 다만 내 가슴 속에 그 영상이 남아 있을 뿐이다. 다시 살아나지 못할 고향.

책상

요즘은 책상 없이 공부하는 학생은 없을 것이다. 우리가 학교에 들어갈 때는 집안에 책상이 없었다. 워낙 시골인데다가 시골 살림에 책상 하나 마련하는 일은 쉬운 일이 아니었다. 그래서 공부를 할 때는 방바닥에 그냥 앉거나 배를 깔고 엎드려서 하는 수밖에 없었다. 간혹 밥상을 가져다 놓고 공부를 하는 일도 있었다.

그러던 나에게 책상이 하나 생겼다. 초등학교 4,5학년쯤 되어서일 것이다. 책상을 짜는 목수가 마을에 왔다. 친구네가 책상을 먼저 맞추었는데, 아버지께서도 어쩔 수 없었던가 책상을 맞추어 주셨다.

기억이 아련하지만, 우선 집에 있는 오래 묵은 통나무를 싣고 20리나 되는 제재소에 가서 송판을 만들어 와서 그것으로 책상을 맞추는데, 목수가 일일이 톱질하고 대패질하여 만들어야 하기 때문에 책상 맞추는데, 목수가 며칠은 우리 마을에 머물렀던 것 같다. 다 짜 놓고는 붉은 색을 내야 하기 때문에 붉은 황토를 파 와서 물에 풀어 몇 번씩 황토물을 칠하고 마지막으로 들기름을 칠하여 멋진 책상이 되었다. '앉은뱅이 책상'이라 했다.

한번은 우리 집에 화재가 났다. 주로 소죽 끓이는 아궁이에 장작불을 지펴 놓고 다른 일을 하다 보면 불이 차츰 타서 아궁이 밖에까지 나오고, 옆에 있는 섶에 붙어서 불이 나게 된다. 내가 알기로도 두어 번 불이 났다. 잘 기억은 나지 않지마는 아이들의 불장난이 화재의 원인이 되는 수가 많았는데, 그 중에 한번은 아마 나의 불장난이 아니었던가 생각된다. 그래도 그 일은 아직도 나 혼자만 알고 있는 사실이다. 내가 불장난하다가 불이 났다고 말할 수가 없었기 때문이다.

불이 나면 초가지붕이 순식간에 다 타버린다. 마을 사람들이 모여들어 물을 퍼다 나르고 남자들은 지붕에 올라가 이엉을 끊어 불길을 차단하기도 한다. 방안에 있는 가재도구는 그냥 방에서 마당으로 내던지기 마련이다. 내 책상도 그때 아버지의 손에 의해 마당으로 내동댕이쳐졌다. 책상다리가 부러지고 중간에 이은 판대기가 갈라졌다.

뒤에 손질했지만 한번 난 상처는 원상태로 되지는 않았다. 그래도 그 책상에서 나는 밤마다 호롱불 켜 놓고 공부했다. 고등학교부터는 외지에 나가 있었지마는 집에만 가면 나는 그 책상에서 쓰고 읽고 해서, 지금도 눈을 감으면 그 책상 모양을 환히 생각할 수 있다.

고등학교는 집에서 50리나 떨어진 군소재지에 가서 자취를 하게 되었는데, 그 책상을 가지고 갈 수 없었다. 그래서 이번에는 아버지께서 5일장에 가셔서 책상 겸해서 궤짝을 하나 맞춰 새끼로 멜빵을 해서 20리 길을 지고 오셨다. 자취를 하게 되니 쌀궤를 겸하고 책상으로도 사용하라는 것이었다. 말이 책상이지 사실은 반닫이 형태의 궤짝이었다. 꽤 단단한 나무로 만들어진 것이었지만 책상으로는 이용할 수가 거의 없었다. 왜냐하면 책상 밑으로 무릎이 들어가야 앉아서 공부를 하거나 책을 읽을 수 있는데, 궤였으니까 무릎을 넣을 수 없어 거의 이용하지 못하고, 그 위에 책이나 포개 놓았던 것으로 기억한다. 그러나 고등학교 3년 동안 내 자취방에서 나와 동고동락하다가 고등학교를 마치고는 집에 가져가서 책을 넣어 두었었다.

내가 부산에 자리를 잡고 부모님을 모시면서 시골에 있던 가재도구를 다 어떻게 처리했는지 모른다. 앉은뱅이 책상도 버리고 왔지만 궤짝 책상은 버릴 수가 없어 부산까지 가지고 왔다. 보잘 것 없는 물건을 여기까지 가지고 온 것을 보면, 그 궤짝에 대한 나의 애착이 컸던 것 같다.

지금은 아무 쓸모없는 것이고, 이사 다닐 때면 짐만 되는 것이어서 셋방살이로부터 몇 번씩 이사하면서 그것을 버릴까 생각하다가 버리지 못하고 있다. 전번 이사 때는 아이들이 사용하던 멀쩡한 책걸상까지 다 버리고 오면서 그것은 버리지 못했다.

그 궤짝 책상을 만들어 20리 길을 짊어지고, 점심 사 잡수실 돈도 아껴 가면서 허기진 배를 움켜쥐고 오신 아버지에 대한 기억, 자취방에서 나와 동고동락하던 그 유물을 어찌 버린단 말인가. 골동품으로서의 가치도 가구로서의 가치도 없는, 아무 쓸모없이 걸리적거리기만 하는 물건이로되, 나의 영혼이 거기 깃들어 있고, 아버지의 자식에 대한 사랑이 담겨 있는 것 같아 나는 버릴 수가 없다. 내 죽고 나면 아이들이 처리하겠지.

아버지의 단주斷酒

많은 한을 안고 사신 우리 아버지, 부모로 인해 한스럽게 살았거든 자식들로 인해 영화를 누려야 할 텐데도, 우리 아버지는 자식들로 인해 또 한을 안고 살다 가셨다. 그러나 그 많은 한을 한 번도 자식들에게 이야기한 적 없이 혼자 삭이다 가시었다. 그럼에도 나는 아버지에 대한 몇 가지 사연들을 들은 것은, 주로 다른 사람들을 통해서다. 다음 이야기도 어머니를 통해 들은 이야기로 기억하고 있다.

내가 아는 한, 아버지께서는 제사 모시고 음복술도 못하실 정도로 술을 전혀 못 드셨다.

스무 살에 장가드신 아버지께서 20대 초반이었을 것 같다. 아마 그 때는 어느 정도 술을 좀 하셨는지도 모르겠다.

한번은 아버지께서 우리 마을에서 10리나 떨어진 산 넘어 어느 마을까지 친구들과 술 마시러 가신 모양이었다. 아마 술 따르는 여자도 있었던 시골 주막집이었을 것이다. 누구나 젊을 때 한 번쯤 방황하는 것처럼 아버지께서도 그 당시 좀 방황하셨는지도 모르겠다.

몇 차례 이런 일이 있음을 알고 할아버지께서 한번은 숙부님을 부르시더란 것이다. 늦은 밤 10리나 되는 긴 산길을 숙부님은 할아버지를 말없이 따라가셨다. 캄캄한 밤 산골짜기는 무섭기도 하려니와 길도 험하고 고개를 하나 넘어야 했다.

드디어 주막집 앞에 섰다. 주막집 방안에서 술판이 벌어지고, 때로 노랫가락도 흘러나왔을 테고 여자와 희희덕거리는 소리들도 새어 나왔으리라.

할아버지는 한참 지켜보시다가 숙부님을 시켜 문을 열게 했다. 아버지를 보고 할아버지가 오셨다는 말을 했다. 혼비백산한 아버지, 정신을 겨우 가다듬고 밖을 나오셨다. 할아버지께서는 아무 말씀도 하지 않으셨다. 그리곤 돌아서서 갔던 길을 되짚어 오셨다. 그 10리 산길을 세 사람은 아무 말 없이 걸었다. 세 사람의 발자국 소리와 숨소리만 들릴 뿐이었다.

집에 와서도 할아버지께서는 말씀 한 마디 없이 방에 들어가 주무셨다.

이튿날 아침 아버지께서는 일찍 일어나 낫을 들고 집을 나가셨다. 골짜기 어디쯤 가서 회초리를 한 단 해서 묶어 들고 오셨다. 할아버지 방에 가서 회초리 단을 세워 놓고, 종아리를 걷고 할아버지 앞에 섰다. 이 회초리가 다 부러질 때까지 나를 때려 달라고 하셨단다. 그 때 할아버지가 아버지 종아리를 치셨는지는 알 수 없으되, 이미 잘못을 시인하고 반성을 보인 것인데, 매로 칠 사유가 없어졌을 것이니,

아마 그냥 용서하고 말았을 것이리라.

그 뒤 아버지는 술을 드시지 않으셨고, 오래 술을 들지 않으시니 술을 끝내 못하셨다.

어쩌다 시골 장터에 가셔도 워낙 절약 정신이 투철하셔서, 막걸리 한 잔도 안 하셨을 뿐만 아니라, 심지어는 늦게 돌아오셔도 점심까지 굶고 오곤 하셨다. 하기야 워낙 가난했으니 막걸리 한 사발에 점심 드실 여유도 없었을 것이다. 그러시면서 나는 대학을 졸업할 때까지 한 번도 등록금을 기한 내에 내지 못한 적이 없었고, 아버지께선 한 번도 날 보고 돈 아껴 쓰라고 말씀하신 적이 없으셨다. 그리고 나는 내가 고등학교 때는 객지에서 공부하면서 일 주일 쓴 돈을 적어 두었다가 토요일 집에 가면 꼭 보여 드린 기억이 있다. 고등학교 때는 더구나 다른 친구들은 공납금을 못 내서 혼이 나거나 수업을 받다가 쫓겨나는 판에, 나는 언제나 너무 일찍 공납금을 내게 되어 도리어 부끄럽게 여긴 적도 있었다. 그래서 어떤 때는 일부러 공납금을 가지고 있으면서도 기한을 넘기기도 했다.

세월이 좋아 나는 요즘 넉넉지 못해도, 어디 가서 맛있는 것 마음대로 사먹고, 술도 마음대로 먹고, 좋은 옷도 가끔 사 입고 다니니, 부전자전(父傳子傳)이란 말은 잘못된 말이 아니겠는가.

자취自炊

‘자취’란 말은 손수 음식을 만들어 먹는 것을 이르지마는, 이는 주로 학생들이 집에서 멀리 떨어진 외지(外地)에 나가 방을 얻어 손수 밥을 끓여 먹는 것을 말한다. 요즘은 주말 부부가 많으니 어른들도 남자가 손수 밥을 끓여 먹는다면 자취가 되는 셈인데, 여자가 혼자 밥 끓여 먹는 것을 두고 자취란 말을 쓰지는 않는 것 같다. 그것도 자취임에는 틀림 없으나 아마 여자는 당연히 하는 일이라고 생각하기 때문이 아닌가 생각한다. 그래도 어린 여학생이 객지에서 손수 밥을 끓여 먹는다면 그것은 또 자취가 된다. 그러고 보면 자취란 정상적으로는 밥을 지어 먹을 사람이 아닌 사람이 손수 밥을 지어 먹는 것이라고 할 수 있을 것이다.

나는 고등학교 3년, 대학 3년 모두 6년 동안 자취생활을 했다. 고등학교는 집에서 50리나 떨어진 곳에서 자취생활을 하다가, 토요일이 되면 집에 가서 일요일 오후가 되면 쌀이며 장이며 반찬거리를 싸 들고 자취방으로 가게 된다.

요즘처럼 자동차가 흔한 때가 아니어서 차를 한번 타는 일이 여간 어렵지가 않았고, 정기적으로 다니는 버스는 애초에 탈 생각을 잘 하지 않았다. 차비가 아까웠기 때문이다. 어쩌다 할 수 없어 버스를 타는 경우에도 차비를 내지 않거나, 적게 내려고 차장 아가씨와 실랑이를 벌였다. 잘 생긴 남학생은 그래도 잘 넘어가는데 내 주제에는 어림도 없는 이야기였다.

주로 트럭을 이용하는데, 5일장을 다니는 트럭에 타고 차비를 적게 내고 간다든지, 몰래 트럭을 타고 간다든지 하는 일이 많았다. 특히 당시 후생사업이란 명목으로 다니는 군인 트럭을 많이 이용했다. 군인 트럭이 오면 학생들이 개미떼처럼 트럭에 기어올랐다. 그러면 조수석에 타고 있던 군인이 뒤의 짐 싣는 칸에 와서 학생들을 쫓아 내리곤 했다. 그래도 트럭이 또 출발하려고 하면 새카맣게 기어올랐다. 그러면 군인들은 심지어 엔진을 걸 때 사용하던 기역(ㄱ)자로 된 쇠막대를 들고 뒤로 올라오고, 학생들은 또 뛰어내려서 도망가는 짓을 반복했다.

한번은 나와 같이 자취를 하던 내 이웃 꼬마 중학생이 간장을 댓병에 담아 보자기로 싸서 들고 군인차를 탔다가, 군인이 쇠막대를 들고 올라오는 바람에 그 높은 짐 위에서 땅으로 뛰어내리다 간장병을 깨어버린 일도 있었다. 때로는 마음씨 좋은 군인 아저씨를 만나면 공짜로 얻어 타는 일도 있었고, 몇 푼씩 내고 타는 일도 있었다.

어쩌다 일요일인데도 집에 가지 못하면 반찬이 떨어져 소금을 물에 녹여 간장처럼 해서 밥을 먹기도 했고, 소금물이 멀겋게 보이는 것이 싫어서 고춧가루를 듬뿍 넣어 간장종지의 밑바닥이 보이지 않게 하여 먹기도 했다.

겨울 방학이 가까워 오는 때는 추위에 떨어야 했다. 땔나무를 사서 밥을 겨우 짓는 형편에 자취방이란 데가 외풍이 심해서 노다지로 바람이 새어 들었다. 내가 어느 땐가 자취하던 방은 방에 떠다 둔 자리끼 물이 아침에 얼어붙어 있었다.

그 지긋지긋한 자취를 대학에 들어가서도 계속해야 했다. 이번에는 더 멀리 떨어져 있는 대구까지 가서 자취를 시작했다. 당시 우리 학과의 촌놈 출신들 중에는 혹 어쩌다가 친척집에 얹혀 사는 친구나 입주식 가정교사라도 하는 사람이 있었는데, 그들은 귀족에 속했다. 하숙이란 애당초 당치도 않는 일이었다.

한번은 어느 집 문간방을 얻어 자취를 하는데, 밥을 푸고 숭늉물을 풍로에 올려놓고 방에서 밥을 먹고 나가니 솥을 누가 들고 가고 없었다. 알루미늄 솥이니 아마 고물장수가 들고 간 것이 아닌가 싶었다. 벼룩의 간을 빼먹지 어찌 자취생의 솥을 들고 간단 말인가.

요즘은 자취를 해도 고급으로 한다. 가정집이나 별로 다를 바 없는 전세방에서 주방기구를 갖추어 놓고 산다. 전기밥솥에 좋은 가스불에 시장에 나가면 만들어 놓은 맛있는 반찬에 뭐 아쉬울 것이 있으랴 싶다.

그러나 당시에는 땔나무로 불을 때어 밥을 지었고, 조금 발전한 것이 숯으로 풍로에 불을 피워 밥을 짓는 것이었다. 그 다음 단계로 발전한 것이 석유곤로에 불을 피워 밥을 지었었다. 대학에 들어가서는 풍로에 밥을 짓다가 뒤에 석유곤로에 밥을 지었다. 그 석유곤로라는 것이 형편없는 양철로 조잡하게 만들어서 잘 상하는데다, 심지에 불을 붙이므로 심지를 자주 청소도 하고 갈아줘야 하기 때문에 여간 성가신 일이 아니었다. 심지 청소를 하지 않으면 시커먼 그을음이 올라와서 밥 짓는 동안에 콧구멍이 새카맣게 되기도 했다. 솥 밑은 언제나 그을음이 너덜너덜 붙어서 날리기도 했다.

그래도 우리는 그 자취생활이 즐거웠다. 누구에게 얽매이지 않고, 추위에 핫이불 덮어쓰고 책을 읽기도 하고 공부도 했다. 더욱 재미있는 것은 친구들이 몰려 와서 밥을 해서 먹기도 하고 즐거운 이야기도 나누는 것이었다. 자취방은 가끔 토론의 장이 되기도 하고 니나노 술집이 되기도 했다. 막걸리를 사 와서 막걸리 파티를 하기 때문이다.

나도 가정교사 한다고 한 번은 중학생을 가르치기 위해 어느 집에 들어가서 아이 성적을 상당히 올린 적도 있으나, 내가 불편하고 아이도 게을러서 몇 달도 못하고 다시 나와 자취를 했다.

고등학교 때와는 달라서 주일마다 집에 갈 수도 없어 거의 한 학기를 버텨야 하는데, 때로는 쌀 떨어지고, 반찬 떨어지고, 돈마저 떨어지고 나면, 꼼짝없이 굶는 수밖에 없었다. 그럴 때면 고향 사람 집에 가서 돈을 빌리기도 했다. 어떤 친구는 방학이 돼도 집에 갈 차비가 없어 그냥 자취방에 누워서 책이나 옷가지를 맡기고 빵 따위를 바꿔 먹으면서 향토장학금(집에서 부쳐오는 돈을 그렇게 불렀다)이 올 때까지 버티기도 했다.

내가 고등학교서부터 대학까지 자취생활을 할 때 6년 동안을 나와 같이 생활했던 동생과 같은 아이가 있었다. 고향에서 바로 내 이웃집에 살면서, 나보다 서너 살 적은 그 친구는 내가 고등학교 갈 때는 그는 중학교에 입학하고, 내가 대학 갈 때는 바로 내가 다닌 대학 가까이 있는 고등학교에 들어갔다. 나는 그를 동생처럼 생각했고 그는 나를 형으로 생각했다. 외동아들인 그는 그렇게 나와 고생하며 지내다가 고향에 가면, 그의 어머니가 또 지극 정성으로 나를 대접해 주셨다. 맛있는 음식이며 집에서 담근 밀주까지 걸러 주셨다. 내가 몇 살 위였으니까 그의 어머니로서는 어린 아들을 나에게 맡긴다는 생각으로 늘 나에게 고맙다는 인사를 잊지 않았다. 그렇게 남편도 없이 천하에 없는 외동아들을 아껴서 나까지 챙겨 주시던 그 어머니도 가신 지 오래 되었고, 코흘리개를 겨우 면한 듯한, 어렸던 그 친구도 이젠 머리가 허연 노인이고 보니, 세월무상이란 말이 참 실감 난다.

그 옛날 내가 자취생활을 많이 해서인가, 요즘 어쩌다 아내가 집을 며칠씩 비우게 돼도 나는 도무지 밥 짓는 일은 걱정하지 않는다. 내가 아는 어느 친구는 지금도 아내가 없으면 밥을 굶거나 밖에 나가 사먹는다는 사람도 있으니, 내가 그때 쌓은 훈련이 늙바탕에 소용되는 것인가. 잘 하지야 않지마는 반찬까지도 제법 내가 만들어 먹는 일이 가끔 있고 보면 젊었을 때의 솜씨가 이 나이에도 발휘되는가 보다.

인생은 어차피 자취생이다. 옛날처럼 늙으면 아들에게 의탁하는 일은 요즘은 잘 없으니, 늙어 부부가 같이 살거나, 또 어쩌다 혼자 살거나 자취생활에 지나지 않는다. 아들 딸 있지만 병든 몸으로 혼자 살던 노인이 자살했다거나, 또 죽은 지 한참 후에 발견되었다는 식의 뉴스를 들은 바 있다. 혼자 밥 끓여 먹고 살기 싫거나 몸을 움직일 형편이 못되면 복지시설에 들어갈 수밖에 없으나, 그것도 돈이 있어야 되니, 인생말년은 누구나 서글픈 자취생이다.

대보름의 추억

정월 대보름이 되면 유달리 향수에 젖곤 한다. 그래서 대보름이 되면 고향을 자주 찾는 편이다.

재작년에는 대보름날 고향을 찾아 잔설(殘雪)이 묻어 있는 고향 골짜기를 하염없이 걸으면서 옛날 생각에 잠겼었다. 나의 추억이 곳곳에 베어 있는 골짜기였다.

옛날에는 정초가 되면 여러 가지 행사가 민속으로 행해졌다. 대개는 설날부터 보름까지 행해지다가 대보름이 되면 막바지에 이르게 되고 행사를 마무리하는 것이다. 농촌 동네 행사로는 편을 갈라 윷놀이를 하거나, 농악놀이로 걸립(乞粒) 행사를 하는 일이었다. 그때 농촌 사람들은 설부터 보름까지는 거의 일을 하지 않았다. 지금이 정초인데다 대보름이 가까워 오니 또 옛날 생각이 소록소록 난다.

나는 해마다 겨울이면 할아버지와 자리를 쳤다. 여름에 준비해 둔 왕골로 자리를 짠다. 할아버지께서는 바디를 가지고 치고, 나는 대나무로 만든 바늘을 가지고 말린 왕골껍질 하나씩을 바늘에 꼽쳐 지른다. 가마니도 쳤다. 가마니는 주로 아버지와 쳤다. 어떨 때는 바늘을 헛질러 바디를 쥐고 있는 할아버지나 아버지 손을 사정없이 찔러 버리는 일도 있었지만, 할아버지께서는 찡그리며 고통스런 표정을 지으시면서도 나를 꾸짖거나 야단치지는 않으셨다. 그때는 내가 괜히 마음이 아프곤 했다.

자리를 다 짜고 나면 그 대가(代價)로 할아버지께서 장(시골 오일장)에 가시어 문종이를 사 오셔서 연을 만들어 주셨다. 할머니는 무명실로 연줄을 준비해 두신다. 그 연을 들고 나가면, 우리 마을에서 제일 좋은 연이라서 아이들이 부러워 하곤 했다. 다른 아이들은 주로 집에 있는 종이로 아무렇게나 만든 가오리연 정도였지만, 내 연은 문종이로 만든 방패연이어서 단연 동네에서 으뜸이었다. 가오리연을 우리는 까불연이라 했고 방패연을 참연이라 했다.

한 겨울 날리던 연은 보름날이 되면, 날리던 연의 실을 끊어, 연을 멀리 날려 보낸다. 이것을 '액연(厄鳶) 보낸다'고 하는데, 액을 그 연에 실어 멀리 날려 보낸다는 뜻이다. 그러면 연은 멀리멀리 날아가다가 높은 나무 가지에 걸리게 된다. 요즘 아이들은 돈 주고 산 연을 시도 때도 없이 날리지만, 그 때는 보름이 지나면 일체 연 날리는 일은 없었다. 보름 후에 연 날리는 일을 금기시했다.

집안에서 별 할 일이 없거나 눈이라도 와서 산에 나무하러 갈 수 없을 때, 혹은 밤에는 가마니 칠 새끼를 꼬는 일도 있었지만, 동생들과 수숫대를 꺾어다가 방안에 앉아서 농사에 관계되는 여러 물건이나 곡식을 만들었다. 수숫대 껍질을 벗겨 그것으로 나락(벼)이며 보리, 콩 등 농작물이나 쟁기, 써레, 지게, 곰배 등 농기구를 만들었다. 요즘은 아이들이 돈을 주고 수숫대를 사다가 놀이하는데, 그때 우리는 누구한테 배운 것도 아닌데 수숫대로 공작품을 만들었다. 대보름 전날이면 농사짓는다고 하여 온 겨울 동안 만든 수숫대 농작물과 농기구를 퇴비장 퇴비 위나 잿간 잿더미 위에 갖다 꽂았다. 될 수 있으면 많이 만들어 꽂았다. 그래야 많은 농사를 짓게 된다고 생각했기 때문이다.

보름날 새벽이면 동생과 함께 눈을 비비며 일어나, 퇴비장 앞에 가서 새를 쫓는 행사를 한다.

'아랫녘 새는 알로 가고
웃녘 새는 울로 가고
우리 논에 앉지 말아 후여'

추위에 벌벌 떨면서도 이렇게 몇 번씩 외친다. 다 된 농사에 새가 앉는 것을 미리 액막이하는 것이었다. 어머니는 그때쯤 일어나셔서 오곡밥을 지을 준비를 하셨다.

보름날은 오후 늦을 때쯤이면 달맞이를 간다. 앞산이나 뒷산 가장 높은 산봉우리 달맞이터에, 큰 아이들과 함께 올라가서 불을 피운다. 마을마다 달맞이터가 있게 마련이었다. 요즘 같으면 산불 낼까봐 큰 걱정거리가 되겠지만, 그때는 그래도 한 번도 어느 산에 불났다는 소식은 못 들었다. 주로 청솔가지를 꺾어다가 달집을 만들고 불을 붙이면 연기가 하늘 가득 퍼져 올라갔다. 그때쯤엔 이 산 저 산, 마을 근처의 산꼭대기마다 연기가 피어올라 마치 봉화와 같이 멀리까지 보였다. 다른 산의 연기보다 우리 마을 산의 연기가 더 크게 솟아오르도록 경쟁했다. 그리고는 달을 기다린다. 멀리 동쪽 산 위를 주시한다.

달을 먼저 보면 그 해 혼기를 앞둔 처녀 총각은 시집 장가를 가게 된다는 속설 때문에 주로 큰 아이들은 뚫어져라 동쪽 하늘을 바라보게 된다. 맨 먼저 달을 본 사람이 '달 보래!' 하고 소리치면 일제히 달을 찾게 되는데, 대개는 달이 처음 돋아 오를 때는 달인지 구름인지 잘 분간이 안 될 정도로 희끄므레하다. 달을 보면 '달 보래' 하고 소리침과 동시에 달을 향해 절을 한다. 그때 그 해 소망을 속으로 기원한다.

달을 보고 그 해 흉풍년을 점치기도 했다. 달 색깔이 붉으면 그 해 가뭄이 와서 흉년이 든다고 하고, 달이 희끄므레하면 비가 많아서 풍년이 든다고 했다.

달을 보고는 아이들은 일제히 산에서 만든 막대 하나씩 들고 마을을 향해 뛰어 내려온다. 그리고는 집집마다 들러 퇴비장에 수숫대로 만든 곡식이며 농기구를 마당에 빼어다 놓고 타작을 한다. 막대기로 그것들을 다 부숴 버리는 것이다. 그리고는 부순 수숫대를 쓸어모아 불사른다. 그러고 나면 그 집에서 오곡밥을 내어 주거나 아이들이 좋아하는 콩강정을 주면 그것을 먹고는 또 다음 집으로 가곤 했다.

저녁이면 아이들은 마을 앞 들로 나가 쥐불놀이를 한다. 논두렁 밭두렁에다 불을 놓는 일이다. 요즘 아이들처럼 깡통에 구멍 뚫어 줄을 매어 돌리는 것은 아니었다. 쥐불놀이는 원래 쥐를 쫓는 행사로 새해 들어 첫 쥐날(일진이 子로 끝나는 날) 하는 행사였으나 우리는 보름날 했다. 논둑 밭둑을 태움으로써 해충을 없애는 일이기도 했다. 이 마을 저 마을 아이들이 나와 논둑 밭둑에 불을 경쟁적으로 놓았기 때문에 온 들판이 장관이었다.

어느 해엔가는 저녁에 아버지께서 따라 오라고 하셔서 따라 나섰는데, 아버지께선 자리와 또 무엇인가를 보자기에 싸서 들고 계셨다. 그리고 앞산 밑 정갈한 곳에 가시더니, 자리를 펴고 보자기를 풀어 내놓은 것이 짚으로 만든 제웅이었다. 짚으로 사람 모양을 만든 것이었다. 그것을 꺼내어 세워 놓고 절을 시키셨다. 절을 하고 나니 그 제웅을 흙을 파고 그 자리에 묻으셨다. 당시엔 왜 그러는지도 몰랐지만, 좀 커서 생각하니, 그 해 토정비결이 좋지 않았던 것임을 알았다. 아마 내가 그때 죽을 운수라도 되었던 것이리라. 그래서 제웅으로 하여금 내 죽음을 대신하게 한 것이었을 것이다. 그 덕분에 나는 이 나이가 되도록 살고 있는 것이 아닐까 하고 생각해 본다.

아련한 추억들이다. 참으로 시대도 많이 변했고 세월도 많이 흘렀다는 생각을 하게 된다. 그때는 어찌 내가 요즘 같이 도시 생활을 하며, 현대문명의 이기를 이용할 수 있을 것이라고 생각했겠는가?

내 자식들은 또 내 손자들은 내 나이가 되면, 또 어떤 기적 같은 일들을 경험하며 살게 될지 알 수 없는 일이 아닌가. 그때 그 아이들은 요즘 가지고 노는 컴퓨터나 각종 놀이들이 내가 달맞이 하거나 쥐불놀이하던 것과 같은 추억으로 생각날까?

친구

친한 친구를 일컫는 한자성어가 여럿 있다. 죽마고우(竹馬故友), 간담상조(肝膽相照), 지란지우(芝蘭之友), 백아절현(伯牙絶絃), 금란지계(金蘭之契) 등. 비슷한 말이긴 하나 그 어감상 조금씩 다른 뜻으로 느껴진다.

우리말에는 '불알친구'란 말이 있다. 아주 어렸을 때, 옷도 걸치지 않고 다니던 시절부터 사귀어 온 친구란 뜻이다. '죽마고우'란 성어와 비슷한 뜻이지만 얼마나 실감나는 우리말이냐. 죽마고우는 대나무로 만든 장난감 말(馬)을 같이 타고 놀던 친구란 뜻으로 오래 사귀어 왔다는 뜻이지만 불알친구는 그보다 더 오래 되었다는 느낌을 가진다.

요즘은 어린 아이도 옷을 벗고 다니는 일은 없으니 불알친구도 없는 셈이다. 그러나 옛날에는 모두 가난한 탓이겠지만 여름에는 발가벗은 아이가 마을에 뛰어다니는 일은 흔히 있는 일이었다.

나에게도 그런 친구가 있었다. 같은 마을 이웃에서 같이 자랐고 초등학교도 같이 6년 동안 다녔다. 불행하게도 그는 집안이 가난하여 중학교를 가지 못했고, 우리 집도 가난했지만 나는 억지로 대학까지 나오게 되었다. 그도 그 뒤 중학교도 좀 다니고 고등학교도 야간부를 좀 다닌 것으로 기억한다. 우리는 서로 처지가 다름에도 마을에 있을 때는 저녁마다 붙어 있었다. 그가 초등학교를 졸업하고 삶의 현장을 찾아 객지에 나가 있는 몇 년 동안, 또 내가 학교에 다니느라고 나가 있는 몇 년 동안 우리는 서로 떨어져 있었지만 고향에만 가면 우리는 함께 있었다.

긴긴 겨울밤, 그의 집 온돌방에 때 묻은 무명베 이불을 감고 누워서 참 많은 이야기를 했다. 그는 일찍 결혼하였고 결혼하고 와서는 첫날 밤 이야기를 나한테 다 털어 놓을 정도였다.

어느 해 겨울 방학 때는 마을에 있던 그와 함께 청년회를 만들어 마을을 계몽했고, 마을의 악풍악습을 타파하는 일에 앞장선 일도 있었다. 겨울이 되면 농촌에 하도 놀음이 심하여 놀음을 막아 볼 양으로 계몽연극을 하기도 했다. 생전 처음 나는 희곡을 썼으며 연출까지 맡아서 어느 집 대청마루를 무대로 이용하여 연극을 했다.

그가 먼저 군에 갔다. 군에 있을 때도 우리는 서로 편지를 주고 받았다. 그 뒤 내가 입대하여 훈련소에 있을 때도 서로 편지했다. 그러다 내가 훈련을 마치고 배치되어 간 곳이 경기도 연천 전곡에 있던 어느 부대였다. 몇 십명이 보충병으로 가서 첫날 밤 부대에서 잠자리에 들었다. 잠자리라는 게 서너 평 되는 내무반에 몇 십명이 자게 되는데 자리가 좁으니까 똑 같은 쪽으로 머리를 두고 잘 수가 없어 옆 사람과 서로 반대 방향으로 머리를 두도록 했고 그래도 좁으니 옆으로 돌아눕도록 했다. 내 머리 쪽에는 내 좌우에 누운 사람의 발이 와 있었고 보충병으로 그 전방까지 오는 동안에 씻지 못한 발 냄새가 코를 찔렀다. 그래도 우리 보충병들은 불평 한 마디 할 수 없었다. 요즘 군대 생활과는 비교가 되지 않을 만큼 열악하였다.

나는 마침 통로 쪽으로 머리를 두고 어떻게 자리를 비집고 바로 눕게 되었는데, 그런 잠자리에서 잠이 오지 않아 천정을 쳐다보고 멀거니 눈을 뜨고 있었다.

부대에 보충병이 오면 그 부대에 있는 선임병들이 행여 자기 고향 쪽에서 온 사람이 없는가 하여 보충병을 찾게 되는데, 그 부대 선임 군인들이 와서 어디 사람들이 왔느냐고 묻는다. 대개 불침번한테 물어보는데, 한 군인이 문 입구에 선 불침번에게도 묻지 않고 중간에 누운 나에게까지 와서 내 머리맡에 서서 '얘, 오늘 어디 애들이 많냐'고 물었다. 나는 눈을 그에게로 보냈다.

앗, 이게 웬 일이냐. 그 얼굴이 눈에 익었다. 그도 내려다보다가 깜짝 놀랐다. 아무개 아니냐 하고는 나는 누운 채로 눈물이 왈칵 나왔다. 이 일선 부대에, 그것도 무시무시한 지역에 (그때는 그렇게 느꼈다) 와서 얼마 전까지 편지를 주고받던 그 친구를 만나다니. 도저히 믿어지지 않았다.

나는 누운 채로 울고 그 친구는 선 채로 울었다. 나를 일어나라 했지만 그를 여기서 만난 것만으로도 나는 안심이었다. 나는 그대로 자려고 했으나 그는 담당자에게 얘기하고 나를 데리고 나갔다. 그는 그때 벌써 상병을 달고 있었고 나는 이등병이었다. 그의 내무반에 가서 그의 옆 자리에 내 잠자리를 마련해 놓고 우리는 부대를 빠져 나왔다. 부대를 나오니 한탄강이었다. 한탄강 초소에 와서 그는 연대 인사과에 있음을 확인받고 다리를 건너 전곡 어느 술집에 갔다. 아마 그가 잘 다니는 곳인 듯. 시골집 같은 온돌방에 가서 오랜만에 우리는 술을 마셨다. 같이 온 그의 전우와 함께였다. 훈련소를 거치면서 또는 여기 전방까지 보충병으로 배치되는 과정에서 나는 몇 달 동안 민가(民家)를 몰랐고 술도 한 잔 못했다. 그때쯤 되면 민간인을 만나기만 해도 반가운 심정이 된다. 그런데 이 얼마만이냐. 그때가 2월이어서 아직도 추위가 기승을 부리던 때에 뜨뜻한 온돌방에 앉아 막걸리를 마실 수 있었다는 것이 얼마나 좋았는지 모른다. 모처럼의 기회라 우리는 밤늦도록 술을 마시고 부대로 들어가야 했다. 그런데 이제 초소를 통과하여 들어가기엔 너무 늦었었다. 할 수 없이 그 한탄강을 건너야 했다. 아마 그들은 그런 일을 자주 했던 것으로 생각된다. 우리는 옷을 벗어 똘똘 뭉쳐 머리 위에 손으로 받쳐 들고 아직도 얼음이 남아 있는 그 한탄강을 건넜다. 물은 거의 가슴께에 왔다. 물을 건너다 말고 밟은 돌 하나가 삐그덕 돌아가는 통에 넘어져 온통 옷까지 물에 젖고 말았다. 온몸이 얼어붙었다. 그래도 물에 젖은 옷일망정 다 건넌 뒤에 얼어붙는 옷을 짜서 입고 부대에 와서 그가 주는 다른 옷으로 갈아입고 자는 둥 마는 둥 했다.

그 후 나는 소총중대로 배치되었다가 그의 힘을 입어 연대 의무중대에 가게 되었고, 뒤에 우리 부대가 포천에 와 있을 때도 이미 계급이 병장이었던 그는 일요일이 되면 나를 찾아와 같이 외출하여 시간을 보내기도 했다. 그러다 그는 나보다 먼저 제대를 하게 되었고 제대하기 전날에도 우리는 술을 마시고 울었다.

그 뒤 서로가 객지 생활을 하면서 떨어지게 되었고, 어느 날엔가 고향엘 가서 그의 죽음을 듣게 되었다. 그가 죽기까지 비참하게 살아간 이야기를 다른 친구에게 듣고는 참으로 하늘은 공평치 못하다는 생각을 했다. 그렇게 착하고 열심히 살려고 애쓰던 그가, 무슨 암인가에 걸려 고생하다 갔다는 것이다. 찢어지게 가난하여 중학교도 못간 그가 산 밑 마달밭에서 괭이로 흙을 파던 그 골짜기 어디에 그의 무덤이 있다고 들었다. 나는 몇 번인가 꿈에 그가 나타나기도 했지만 아직 그 무덤도 못 가봤으니 애닯도다.

먼저 간 친구에게

겨울바람이 나목을 매서웁게 스치고
큰골 못에 얼음 우는 소리
골짜기를 헤매고 있어도
우린 손발이 얼어터지도록
얼음을 지치고 있었지

팽이는 내가 더 잘 돌리고

얼음 위에 미끄럼 타기는 자네가 더 잘했지
구슬치기는 내가 더 잘하고
눈싸움은 자네가 더 잘했지
자치기는 내가 더 잘하고
씨름은 자네가 더 잘했지
아무리 해도 내가 따라갈 수 없는 것은
산에 가서 갈비 끌어 땔나무 하는 일이었지

마을 개들도 꿈꾸는 검은 밤
바람 소리 늑대 소리 들으며
이슥토록 이슥토록
군불 지핀 방에서 때 묻은 무명베 이불 감고
귀신 이바구 능청스럽게도 하던 친구야
지금은 이바구 속의 귀신처럼
귀신이 되었는가

노랫가락 구성지게 부르며
무딘 괭이로 산밭을 일구던 그 골짜기에
일찍 자리 차지하고 누워
목직한 흙이불 덮고
지금은 귀신들과 사람 이바구 하는가

—나의 시집 『가슴에 흐르는 강』 중에서

초등학교 동기회

소년은 학교에서 여러 계집애들 틈에 천사와 같은 한 소녀를 발견했다. 그날부터 소년은 학교에 가면 소녀를 볼 수 있으면 그것으로 다행이라 생각하였다. 계집애들 사이에 섞여 있는 그 소녀를 보면, 잡초 속에 한 떨기 코스모스이거나(소년은 코스모스를 제일 좋아하였다) 수많은 별들이 사는 하늘에서는 유난히 반짝이는 별이라고 생각했다. 하강한 선녀 같았다. 저녁이면 하늘을 쳐다보고 그 반짝이는 별을 찾곤 하면서, 자기는 저 하늘가에 잘 보이지도 않는 희미한 별이라고 생각했다. 감히 그 근처에도 가 볼 수 없는 위치에 있었고, 더구나 말 한 마디 붙일 수 없는 위치에 있음을 알았다. 소년은 가난한 농부의 아들이었을 뿐만 아니라, 내성적인 성격에 언제나 남 앞에서도 자기 뜻을 밝히지 못하는 숙맥이었다. 그러나 소녀는 그 지방에서 몇 째 가는 부잣집 딸이었다. 그러므로 소녀는 그런 소년이 있는지조차 알 수 없었을 것이다.

지난 17일 대구에서 국민학교(초등학교) 동기회를 했다. 몇 년 전부터 동기회를 몇 차례 했으나 나는 동기회에 잘 나가지 않았다. 시골에서 농사지으며 시커먼 얼굴의 동기가 있는가 하면, 도시에서 출세하여 훤한 얼굴에 잘 사는 동기도 있다. 주로 도시에서 출세깨나 했거나 돈푼이나 있는 동기들은 응당 그런 모임에 오면 잘난 체하기 마련이다.

내 성격이 소활(疏闊)하여 그런 자리에 나가기를 좋아하지 않았다.

부산에 살고 있는 동기 몇 사람이 이번에는 꼭 동기회에 가자는 것이었다. 나는 여전히 부정적이었다.

그런데 부산 동기회 회장을 맡고 있는 여자 동기가 아주 달콤한 제안을 해왔다. 내가 좋아했던 그 아무개를 만나게 해 주겠다는 것이었다. 나는 언젠가 그 할매 회장에게 국민학교 시절 좋아하면서 말도 한번 못 붙인 여자 동기 이야기를 장난삼아 한 적이 있었는데, 이 할매 회장이 그것을 기억하고 나를 유혹했다. 나는 눈이 번쩍 띄었다. 그 사이 그 소녀는 어떻게 늙었을까. 어릴 때처럼 아직도 반짝이는 별 같고 잡초 속에 한 떨기 코스모스 같을까? 선녀가 하강한 것처럼 아직도 그렇게 예쁠까? 순간 나는 여러 가지 생각이 떠오르면서 동기회에 가기로 했다.

세 학급에 180여명 졸업생 중, 10여년 전에 처음으로 동기회를 했을 때는 120명 정도 참석했었는데, 이번에는 고작 33명이 참석했을 뿐이었다. 그 동안에 더러는 저세상으로 가기도 하고 사정으로 오지 못한 친구도 있으리라. 그러나 그것보다 고향에서 살고 있는 동기들은 집단적으로 불참 통보를 해오고 참석도 하지 않았던 것이다. 무슨 까닭인지 잘 모르나 어렴풋이 짐작이 가는 일이기도 했다. 내가 그 동안 불참한 이유와 무관하지 않다는 생각이 들었다.

나는 호사스런 생각인진 몰라도, 시골에 사는, 손가락 마디가 굵은 그 꾸밈없는 친구들의 억센 손을 잡아 보고 싶었고, 햇볕에 그을은 그 주름진 얼굴들이 보고 싶었다. 어쩌면 그것이 내 도시 삶에 대한 불만스런 생각 때문인지도 모른다. 그런데 그들이 여기 참석하지 않았으니 실로 실망스런 일이 아닐 수 없었다.

간단한 회의를 끝내고 점심과 함께 술이 돌았다. 제각기 술에 취하기도 하고 불러온 밴드에 맞춰 노래도 부르고 춤을 추기도 했다. 가끔은 끼리끼리 앉아 옛날 이야기도 했다.

부산 할매 회장이 나를 불렀다. 한 여자 동기를 소개했다. 내가 좋아하던 아무개라고 했다. 내 국민학교 시절 얘기를 그녀에게 다 한 듯, 그 여자 동기는 웃기만 했다. 나도 나이답지 않게 웃기만 하고 말도 못했다. 아마 술기운이 아니었더라면 얼굴이 붉어졌으리라. 나는 그녀에게 손을 내밀어 악수를 했을 뿐, 자세한 이야기는 하지 못했다.

60년이나 된 세월, 그 세월이 가져다 준 변화는 참으로 컸다. 소녀는 할머니가 되어 있었고 소년은 할아버지가 되어 있다. 말도 못 건네던 소년은 이제 스스럼없이 말도 할 수 있었다.

그때 그 소녀는 아직도 고왔다. 60년 전 얼굴이야 아니지만, 말하자면 곱게 늙은 할머니였다.

두 세 시간 놀다가 우리들은 또 서울 부산 대구로 갈라져야 했다. 폐회선언으로 연회장을 모두 빠져 나가고 있을 때, 나는 밴드에 가서 마지막 노래를 특별히 청했다. 소녀할머니를 잡았다. 나는 그녀와 '희망가'를 함께 불렀다.

이 풍진 세상을 만났으니 너의 희망이 무엇이냐
부귀와 영화를 누렸으면 희망이 족할까
푸른 하늘 밝은 달 아래 곰곰히 생각하니
세상만사가 춘몽 중에 또다시 꿈 같도다

이 풍진 세상을 만났으니 너의 희망이 무엇이냐
부귀와 영화를 누렸으면 희망이 족할까
담소화락에 엄벙덤벙 주색잡기에 침몰하랴
세상만사를 잊었으면 희망이 족할까

우리가 부르는 노래는 텅 빈 연회장 벽에 부딪혀 내 귀로 되돌아오면서, 더욱 쿵쿵 울리기만 하였다.

매화분梅花盆

어리고 성귄 柯枝(가지) 너를 밋지 아녓더니
눈ㄷ期約(기약) 能(능)히 직혀 두세송이 퓌엿고나.
燭(촉)잡고 갓가이 사랑헐제 暗香(암향)좃차 浮動(부동)터라.

氷姿玉質(빙자옥질)이여 눈ㄷ속에 네로구나.
가마니 香氣(향기) 노하 黃昏月(황혼월)을 期約(기약)하니,
아마도 雅致高節(아치고절)은 너 뿐인가 하노라.

—안민영(安玟英)의 「영매가(詠梅歌)」 중에서

이십여 년 전 단독주택에 이사를 가서 매화 화분 하나를 샀다. 처음은 거의 볼품없는 듯 하던 것이 이듬해 봄부터 해마다 겨울이 가기 전에 꽃을 피워 나를 여간 기쁘게 하는 것이 아니었다. 아파트에 이사를 올 때도 많은 화분들을 버리고 왔지만, 이것만은 가지고 왔다.

그런데, 이것도 늙어서인가, 영 시원찮더니 작년에는 아예 꽃조차 피우지 않았다. 원래 분재에 무식한 나로서는 그저

물만 주었을 뿐, 그 동안 분갈이도 한 번밖에 하지 않아서 이제 수명이 다했는가 싶었다. 드디어 지난 가을에는 끝이 말라 들어 이제 죽는구나 생각하고, 뽑아버릴까 하다가 '까짓것 죽으면 죽고 살면 살고' 하는 심정으로 마른 가지만 잘라 내고 거의 방치해 두었다. 아내는 다 죽었다고 뽑아버리자고 했지만, 그러기엔 너무 아쉬움이 남았었다. 그리고는 다른 화분에 물 줄 때 그저 같이 물만 주었다.

며칠 전에 화분에 물을 주다가 깜짝 놀랐다. 거의 죽은 줄만 알았던 그 가지에 꽃몽오리가 몇 개 생긴 것이 아닌가. 나는 그때부터 매일 들여다보았더니 드디어 꽃 몇 송이를 피워 나를 기쁘게 했다.

오늘 나는 그 화분을 거실에 들여놓기 위해 화분을 들었다. 아! 고마워라. 화분을 드는 순간 매화 향기 내 코끝에 살짝 와서 자극하더니, 드디어는 내 가슴에, 머리에, 눈에, 아니 몸 전체에 퍼지는 듯. 나는 적어도 이 순간 행복감에 취해 있었다. 매화 서너 송이가 이렇게 나를 즐겁게 하다니. 그 동안 푸대접한 것이 여간 미안한 것이 아니었다.

주옹(周翁) 안민영(安玟英) 선생이 영매가를 읊조린 것도 이러한 심정이었을 게다. 봄이 무르익으면 어디 가면 매화 없으리. 요즘은 가는 곳마다 매화를 심어 매실을 수확하고 매실주를 담고 야단인 것을. 섬진강가 매화마을엔 해마다 매화축제도 풍성히 열리고 있으나, 그 풍성한 매화가 나에게 이렇게 감동을 주지는 못했다. 가슴을 울리는 것은 양(量)의 대소(大小)나 질(質)의 양불량(良不良)에 있는 것이 아니라, 마음 밖에서 문득 찾아오는 것인가?

내일이 입춘이다. 나는 매화분을 옆에 놓고 입춘서를 썼다. 올해는 입춘서를 뭐라고 쓸까 생각하다가 도저히 한 두 가지로 딱 정할 수가 없었다. 우선 몇 가지를 써 두었다. 立春大吉(입춘대길), 國泰民安(국태민안), 千祥雲集(천상운집), 瑞日重門啓(서일중문계), 父母千年壽(부모천년수), 子孫萬歲榮(자손만세영) 등의 글귀를 썼다. 내가 생각해도 욕심이 좀 많다는 생각이 든다. 이걸 다 붙일 수는 없고 골라서 짝을 이루는 두어 개를 골라 붙여야겠다.

작년에는 하도 나라가 시끄러워 '立春大吉(입춘대길) 國泰民安(국태민안)'이라 써 붙였으나 올해는 저 매화 송이가 나를 행복하게 하고 있으니 적당한 말을 하나 생각해 봐야겠다.

지금은 저녁이다. 드디어 입춘서를 결정했다. '立春濫梅香(입춘남매향) 瑞氣充擧世(서기충거세)', 입춘에 매화 향기 넘치니, 상서로운 기운이 온 세상에 충만하여라. 춘방(春榜)의 양식에 맞는지 맞지 않는지 모르겠다. 양식이 뭐 별게 있겠는가. 내 소망을 담아 보면 되지 않겠는가. 무식하면 용감하다고 했던가?

저녁에는 다시 매화분을 상 위에 올려놓고, 그 앞에서 어제 뜬 산수유주를 마셨다. 매향인지 산수유주향인지 은은한 향기가 번져났다. 초엿새 초승달이야 벌써 기울었을 터. 달이 없은들 어떠랴.

주옹(周翁)은 촉 잡고 사랑한다 했지만, 수선 떨기 싫어 전깃불 밑에서 혼자 술을 즐기노라.

국화의 잔해를 치우며

기온이 내려간다는 일기예보가 자주 나오면서 아침 날씨가 제법 쌀쌀해졌다. 아침에 출근하니, 교무실에 야간자습지도 선생님을 위해 설치한 난로에 불을 붙여 놓고 선생님들이 둘러섰다. 허기야 난롯불이 조금은 그리운 계절이기도 하다.

한 달 전에 중앙현관 앞에 옮겨다 놓은 국화꽃을 보니 벌써 꽃잎이 다 시들어 볼품없이 되어 있다. 옆에 교실에 가서 학생 몇을 불러 도움을 받아 국화 화분을 동편 국화 키우던 자리로 옮겼다가 쉬는 시간을 보아 국화의 마른 대궁을 잘라내었다.

이 학교에 와서 몇 년째 국화를 길렀다. 내가 기르는 국화래야 뭐 좋은 종류를 전문적으로 기르는 것도 아니고, 오래전부터 집에서 기르던 것을 봄이 되어 꺾꽂이하여 화분을 사 와서 옮겨 심어 놓고, 나름대로 걸음도 하고 물을 줘서 기른 것이다. 국화에 대한 전문적인 지식도 없었지만 책을 사서 공부를 해 가며 하루도 거르지 않고 물을 주었다. 심지어는 일요일에도 나와 물을 주는 성의를 보였다.

그 덥고 가물던 여름에는 이게 자라서 꽃을 피울 수 있을까 하는 의구심이 들 정도로 보잘것없을 때도 있었지만, 또 그것이 자랄 때는 아주 힘차게 자라서, 꽃 보는 재미 못지 않게 마음을 즐겁게 해 주기도 했다. 온 여름 동안 국화를 매만지면서 어느 시인의 시처럼 소쩍새의 울음을 연상하기도 했다.

가을이 들면서 어느 정도 자라게 되었을 때, 야생 대나무를 잘라 와서 지주를 세워서 선택된 줄기를 세웠다.

드디어 국화 끝이 도두룩 애기 젖꼭지만한 것이 생기더니, 차츰 커져서 남자 젖꼭지만해지고 드디어는 잘 익은 여자의 젖꼭지 만해졌다가 꽃을 피우기 시작하는 법이다. 이 꽃몽오리가 생길 때부터 곁에 난 쓸모없는 버들눈들을 제거하지 않으면 안 되었다. 국화를 손질하는 것 자체가 즐거운 일이지만, 이때처럼 재미있을 때도 드물다. 손가락 끝으로 이 버들눈을 따고 난 후, 손가락 끝을 코 근처에 가져갈라치면 싸근하고 향긋한 국화 냄새가 살풋 풍긴다. 나는 이 냄새를 좋아한다. 이 버들눈은 참 많이도 생기는데, 한때 다 따고 이튿날 아침에 들여다보면 또 생겨서, 국화를 많이 기르는 사람은 귀찮을 정도가 아닐까 생각도 되지마는, 나는 속으로 버들눈이 좀 더 많이 생겼으면 하고 바랄 때도 있었다.

처음 꽃이 피기 시작할 때는 나같이 경험이 없는 사람들은 그 보잘것없음에 실망할 수도 있으리라. 그렇게 정성을 들인 데 비하여 꽃이 그렇게 탐스럽게 피지는 않기 때문이다. 그러나 성급한 판단이다. 꽃잎은 날이 갈수록 불어나며 꽃

송이는 점점 커져서 처음 피기 시작할 때의 실망을 충분히 만회해 준다.

꽃잎이 조금 보일 때부터 또 일이 생긴다. 꽃 받침대를 만들어야 하는 것이다. 가느다란 철사를 사 와서 저녁이면 철사를 끊는 펜치로 적당한 길이로 끊어 철사를 굽혀가며 만든다. 원래 손재주가 없어 처음엔 여간 서툴지 않으나, 조금 숙달이 되고 잘 만들어진다 싶을 때는 벌써 필요한 숫자만큼 만들어지고 만다. 이 꽃받침대를 꽃송이마다 지주에 붙여 매어 준다.

한 송이의 국화꽃을 피우기 위해 천둥이 먹구름 속에서 운다고 했던가. 게으른 나에게는 이러한 꽤나 번거로운 절차를 기쁨으로 느껴져, 때로 소담하고 소박한 기대감을 갖게 한다. 더구나 다 핀 꽃을 여러 사람들이 볼 수 있는 곳에 갖다 놓아, 많은 사람들이 좋아하는 것을 보면 마치 한 해 농사를 지은 것처럼 흐뭇해진다.

이제 올해의 꿈은 사라졌다. 요 며칠 사이에 폭 사그라진 국화송이를 들여다보면 허무한 느낌도 든다. 아침마다 들여다보고 시간만 나면 가서 손질하던, 그 기대는 이제 어디 가서 찾는단 말인가. 이제 저 뿌리가 겨울잠을 자고 내년 봄을 맞아 기지개를 켜고 일어날 때까지 나도 어디 가서 겨울잠이나 잘까. 그렇게 소담스런 내 보람들이 다 잘려나가 쓰레기장으로 보내져야 한다니 참으로 허망하다. 며칠만이라도 국화의 잔해일지언정 보이는 곳에 좀 두면서 지난 여름을 추억해야겠다. 그리고는 내 연인 같던 그 꽃송이를 마음속으로 간직하고, 꿈꾸는 국화 뿌리나 잘 간수해야겠다. 내년 봄을 위하여.

지각생

나는 학교에 다닐 때는 별로 지각하지 않았다. 다만 두어 번 지각한 것은 중학교 때의 일이다. 30리를 걸어서 등교해야 했고, 더구나 겨울에 눈이 와서 길을 덮고 있을 때는 걷는 속도가 느려 두어 번 지각하여, 눈 덮인 운동장에 맨손으로 엎드려 뻗치는 벌을 받은 기억이 있다.

지금도 나는 무슨 약속이나 모임에 시간을 어기는 일은 잘 없다. 언제나 먼저 나가 기다리는 편에 속한다. 그런데도 나의 인생은 지금 생각하면 전부가 지각이다.

국민학교에 들어간 것도 아홉 살이나 되어 들어갔으니 자연히 대학까지 모두 지각 입학에 지각 졸업한 셈이다. 그러나 국민학교 입학 때 재수를 한 것 외에 나는 재수는 하지 않았다. 일제시대 국민학교에 들어가려 했지만 첫 해엔 떨어지고 말았으니 재수한 셈이 된다.

대학을 다니다가 입대하고 제대하여 복학하였으니 졸업도 또한 지각 중에도 지각 졸업이었다. 그것도 8월에 수료를 하고, 당시 새로 생긴 제도로 학사고사라는 시험을 치르기 위해 6개월을 쉬었다가 정식 졸업을 했으니, 지각 중에도 지각 중에도 또 지각 졸업인 셈이다. 이 제도만 해도 그렇다. 내가 졸업할 때는 8월 졸업 해당자는 6개월을 기다렸다가 이듬해 학사고사를 쳐서 2월에 졸업을 시켰는데, 이것이 불합리하다는 것을 알고 그 다음부터는 추가졸업생은 6개월 앞당겨 학사고사를 치도록 했으니, 나는 이리 저리 손해 본 셈이다. 따라서 발령을 받은 것도 지각이었다.

요즘이야 결혼도 늦게 하는 풍조이지만 나는 당시로서는 늦은 나이인 스물아홉 살에 지각 결혼했다. 결혼하고 첫 아이도 생기지 않아 애를 태우다가 설흔 네 살에야 첫 아이를 보아서 이 또한 지각에 해당한다.

내 일찍이 문학을 하고 싶어 늘 마음에 품고 살았으나, 별로 노력해 보지도 않다가, 다 늙어서 시라고 쓰기 시작하여 시집을 내었으니, 시단에 등단은 고사하고 그저 되는 대로 살아서, 지금도 문학활동을 한다고는 할 수 없지만 이 나이가 되어 두 번째 시집을 내었으니 이 또한 지각이리라.

50도 중반이 넘어서야 서예를 한답시고 허연 머리로 서예학원엘 나가 붓글씨를 배우기 시작했으니 이것도 또한 지각이다.

서예를 하면서 아직 작품 하나 만들어 보지 못했고, 시를 쓰지만 내 시의 수준에 대해 아직 자신이 없는 등, 한 가지도 옳게 하는 것이 없으니, 이런 것을 일컬어 반거충이라고 하던가.

아들 하나 딸 둘 중, 중간 딸이 제대로 시집을 가서 아들 딸을 낳아 외손자 외손녀를 본 셈이나, 과년한 아들 딸이 남아 있고, 친 손자 손녀를 아직도 보지 못하고 있어 이 또한 지각임에 틀림없다.

그런데 묘하게 되느라고 65세 정년이던 제도가 내가 정년 몇 년 앞두고 62세 정년으로 바뀌었으니 이는 또 지각이 아니라 조각(早刻)인 셈이다.

평생 평교사로 지내다가 물러나 출세하는 일이야 근처에 가 보지도 못했으니 지각이랄 것도 없지만, 참으로 안일하게 살아왔다는 생각이 든다. 어떻게 사는 것이 옳게 사는 일인지 몰라도 한 가지도 이룬 것 없이 살아온 것이 후회가 될 때가 가끔 있다. 이런 모습을 보고 내 아이들이 나를 닮을까 걱정이고, 또 그 아이들이 나를 어떻게 생각할까 생각하면, 모든 일을 좀 서둘러 무엇이든 이루어 놓았더라면 하는 생각이 없지 않다. 물론 속된 출세를 의미하는 것은 아니다.

그러나 어쩌랴. 이미 내 세월은 다해 가고 나의 인생은 다해 가는 것을. 그래도 나는 내 인생의 지각으로 인해 못다 이룬 것들을 버릴 수 없다. 죽자고 애써 하고 싶은 생각이나 집착은 없지만(이것은 내 천성이다) 시작(詩作)도 서예도 더구나 내 자식에 대한 희망도 손주에 대한 희망도 버릴 수는 없다. 죽는 날까지 바라며 살리라. 그럴 가능성은 적지만 혹시 저 세상 가는 일도 지각할지 어찌 알겠는가.

내 삶의 자세에 대해 나는 별로 후회하지는 않지만, 하나도 이룬 것이 없음에 대해 나는 후회한다. 그러나 이 또한 노탐(老貪)일진대 지금 와서 무슨 욕심을 낼 것인가. 다만 남은 인생을 추하지 않게 살아가고져.

황사바람 부는 날에

대학을 졸업하고 부산에 자리잡은 과 동기가 일곱 사람이었다. 우리는 그때 모두가 신혼이었고 셋방을 살면서도 서로 집을 방문하며, 사모님들을 수고롭게 하며 만남을 가지기도 하고, 또 때로는 밖에서 만나 술을 나누며 즐기기도 했다. 그런 지 어언 40여년. 이제 모두 현직에서 물러나 한가로운 세월을 보내고 있는데…

6년 전쯤 한 친구가 저 세상으로 가버렸다. 나도 그때 병원에서 수술 받고 막 퇴원해 있을 때, 그도 병원에서 고생하다가 가버렸다. 그의 부고를 받고 가니 그 사모님의 말이, 한 삼일 전에 그 친구가 나를 보고 싶다고 했단다. 나는 그 말을 듣고 가슴 찢어지는 아픔을 느꼈다. 내 몸 좀 불편하더라도 한번 와서 보기라도 했더라면.

재작년에 또 한 친구가 갔다. 병원 빈소 앞에서, 장지에서 그의 사랑하는 아들 딸이 통곡하는 모습을 보고 몹시 가슴이 아팠었다. 그 자식들은 과년한 나이에도 성혼을 미루고 있었다. 더구나 사모님은 20여년 전에 돌아가시고 혼자 아이들을 키워왔던 것이다.

그가 가고 1년 뒤 그의 딸이 결혼을 한다는 소식을 듣고 멀리 수원까지 축하하러 갔더니, 시집가는 딸도, 아들도 아버지 친구인 우리를 보고 눈물을 흘렸다. 아마 아버지 생각이 간절하였으리라.

또 한 친구는 몇 년 전에 고향 찾아간다고 시골로 이사를 갔다. 맨날 나와 붙어다니며 산행을 하거나 여행을 하던 친구였다. 물론 그는 지금도 멀리 떨어져 있지만 서로 왕래한다.

대학에 있던 두 친구 중 한 친구가 얼마 전 또 서울로 가버렸다. 그는 본래 서울서 왔으니 그의 생활 근거지가 서울이었다. 또 한 친구는 얼마 후에 또 아들 따라 경기도로 간단다.

이제 이곳 부산에는 달랑 둘이 남았다. 나이 들어 그렇게 자주 만나거나 죽고 못 사는 친구들은 아니로되, 그저 심심하면 전화라도 한번씩 하고 또 가끔 만나 술도 나누던 친구들, 이제 그들이 이렇게 하나 둘 떠나고 보니 어쩐지 나 혼자 낙오한 것 같은 외로움이 밀려 온다. 설혹 만나거나 연락하지 않는다 치더라도 가까이 있는 것과 멀리 있는 것은 천양지차다.

온 산에 진달래가 붉게 물들어 있는 이 봄, 홀로 배낭 하나 달랑 메고 산길 오르내리는 나 자신이 가엾고 처량하게 느껴진다. 더욱 오늘은 이 황사바람이 봄을 시기라도 하는 듯 덮고 있으니, 내 가슴에 마치 황사바람 꽉 찬 느낌이다.

謫宦傷心涕淚揮(적환상심체루휘)
送春兼復送人歸(송춘겸부송인귀)
春風好去無留意(춘풍호거무류의)
久在人間學是非(구재인간학시비)

귀양길에 상심으로 눈물 뿌리며
봄도 보내고 또 임도 보내고 돌아오네.
봄바람아 잘 가거라, 너를 잡을 뜻 없네.
인생세간에 오래 머물러 시비를 배우랴.

고려 태종 때의 문신 조운흘의 '송춘일별인(送春日別人)'이란 시다. 봄이 가는 귀양길에 따라왔던 친구를, 아니면 정인(情人)을 보내고 얼마나 고독했으랴. 세월 가는 것이 뭐 그리 서러울 것도 없는 일이다. 더구나 세상 시비에 휘말려 귀양까지 가게 되었으니 세상에 오래 머물고 싶은 생각도 없었으리라. 세상이란 항상 시비로 들끓는 것. 거기 무슨 악착같은 미련이 있었으리.

나도 오늘 이 황사바람 부는 날에 그의 심정을 헤아려 보며 고독감에 젖는다.

떠나는 바람

계절이 한때 내 주위를 서성대다가 떠나듯

바람은 한때 나를 맴돌다가 어느 날 갑자기 나를 떠난다
바람은 내 술잔 속에 고독 한 줌 집어넣고 떠난다
나는 그 술잔을 들이키며 고독에 운다
때론 강 건너로 떠나는 바람도 있고
때론 산등성이를 넘는 바람도 있지만
모두가 세월 때문에 가는 바람일레라
떠나는 바람이야 뒤도 돌아보지 않지마는
바람이 남기고 간 자국들은 늘 슬픔이다
떠난 바람은 다시 돌아오지 않고
떠난 자리에 오는 바람은 그때 그 바람이 아니다
바람이 떠난 뒤에 나는 가슴으로 울어
내 가슴은 자꾸만 여위어 간다
언젠가 나도 누구의 바람이 되어 떠나게 되리라

—미발표시

그렇다. 나도 언젠가는 바람 되어 떠나고 나를 보내고 슬퍼하는 사람이 있겠지. 그날이 그리 멀지 않다는 생각이 든다.

제 2 부

고독

'군중 속의 고독'이란 말이 있듯이, 그 많은 세상 사람이 있음에도 고독하지 않은 사람은 별로 없을 것이다. 나도 그렇다. 가족이 있고 친구가 있고, 그리고 나를 아는 많은 사람이 있고, 내가 아는 많은 사람이 있음에도 나는 늘 고독을 느끼고 산다. 어찌 생각하면 나는 일부러 고독해지려고 애쓰고, 고독해지면 또 고독감에 허전하게 되곤 하는지도 모른다. 호사스런 생각인진 몰라도 나는 고독을 즐기면서도 고독을 싫어한다.

어릴 때부터 나는 이유도 잘 모르지만, 우리 집이나 나 자신에 대한 열등감을 가지고 있었다. 나는 다른 아이들보다 용기도 없고 못났다고 생각했고, 그래서 내 의견을 잘 드러내지도 못했다. 남 앞에 서면 가슴이 떨려 말을 못하기 일쑤였다. 다른 사람 앞에서 자기 의견을 다 말할 수 있는 사람을 부러워했다. 더구나 여자 앞에만 서면 나는 말이 잘 안 되었다. 그래서 나는 고독했다.

모임에 나가서도 나는 늘 고독하다. 왜 많은 수의 사람들과 나는 생각이 다른지 모른다. 그런데도 나의 생각이 잘못된 것은 아니라는 생각을 하게 된다. 어떤 사실에 대해 옳고 그른 것은 다수결로 결정할 문제가 아니라는 생각이다. 그래서 나는 때로 여럿에서 벗어나려고 한 적이 많다. 그래서 나는 고독하다.

나는 언제나 좌절했다. 한 번도 평교사에서 벗어나려고 애써 보지도 않았고 그런 생각을 가져 보지도 않았다. 나는 대학에 시간강사를 하다가 대학 갈 기회도 있었지만, 돈을 요구하는 바람에 그것도 포기했고 좌절했다. 얼마 안되는 요구였지만 그렇게는 하기 싫었기 때문이다. 그래서 나는 시세(時勢)를 잘 타는 어떤 사람으로부터는 바보 소리를 듣기도 했다. 바보는 고독한 법이다.

나는 고등학교 때 문학동인을 한 번 한 이래 한 번도 누구와 같이 뜻을 함께하여 문학활동을 해 보지도 않았다. 따라서 나는 그 흔한 등단이란 것도 못해 봤다. 아니, 하려고 노력한 적도 없고 생각한 적도 없다. 혼자 즐길 뿐이다. 그래서 나는 고독한 무명시인이다.

나는 35년간 학교 선생을 해서 많은 제자가 있겠지만, 나를 진심으로 존경하고 은사로서 생각하는 사람은 거의 없는 것 같다. 그것은 나의 못남 때문이고 내가 존경 받을 인물이 못되었기 때문이라 생각한다. 따라서 퇴직한 지금도 제자라고 날 찾아주고 안부 물어 주는 사람은 몇 안된다. 그래서 나는 고독하다.

나는 35년간 학교를 전전하면서 많은 동료 선생님들이 있었지만 퇴직하고 만나는 사람은 드물다. 많은 사람들은 다 여러 개의 모임이 있어 사람 만나기에 바쁜 것 같은데, 나는 그렇지 못하다. 내가 잘못 처신한 결과이거나 괴팍한 성격 때문일 것이다. 그래서 나는 고독하다.

그렇다. 모든 것이 나의 잘못이겠지만, 차라리 고독할지언정 시류에 영합하고 속내 없는 행동으로 남의 호감을 살려고 애쓰고 싶지는 않다. 열등감은 자존심이나 월등감으로 발전하는 수가 있다. 속물 속에 나 혼자 고고해서 나는 고독하다. 어차피 고독한 게 인생 아니더냐. 세상에 태어날 때도 혼자 태어났고, 혼자 생각하며 살아왔고, 갈 때에도 혼자 관 속에 누워 갈 것 아닌가. 차라리 고독하게 살자. 나이 망백(望百)이신 우리 어머니가 고독을 혼자 삭이면서 사시는 것처럼. 시인 정호승은 '외로우니까 사람이다'라고 노래했다.

수선화에게

울지 마라
외로우니까 사람이다
살아간다는 것은 외로움을 견디는 일이다
공연히 오지 않는 전화를 기다리지 마라
눈이 오면 눈길을 걸어가고
비가 오면 빗길을 걸어가라
갈대숲에서 가슴 검은 도요새도 너를 보고 있다

가끔은 하느님도 외로워서 눈물을 흘리신다
새들이 나뭇가지에 앉아 있는 것도 외로움 때문이고
네가 물가에 앉아 있는 것도 외로움 때문이다
산 그림자도 외로워서 하루에 한 번씩 마을로 내려온다
종소리도 외로워서 울려퍼진다

—정호승 시집 『외로우니까 사람이다』에서

촌로 상경기村老上京記

내 비록 부산이라는 도시에서 몇 십년 살았지만, 근본 촌놈이고, 지금은 도심을 피해 변두리에 살고 있을 뿐만 아니라, 깨이지 못한 어리숙한 성격이 촌놈티를 벗어나지 못했으니 스스로 촌로(村老)라 자칭하노라.

서울 가서 진찰을 받은 아내의 수술 날짜가 잡혀 입원한다는 전화를 받고 서울을 간다.

나는 본래 서울이 싫었다. 그 이유로는

첫째, 서울은 사람이 너무 많다. 깊은 산에 홀로 산행하다가 사람을 만나면 반갑기도 하지만, 서울은 사람이 많아도 너무 많다. 그 많은 사람들이 촌놈 눈에는 다 무슨 범죄자 같이 보인다. 게다가 사람다운 표정은 별로 없고, 무슨 일에만 쫓기고 있는 정신 나간 사람들 같아, 인간 냄새가 풍기지 않는다. 걸음은 왜 그리 한결같이 빨리 걷는지.

또 어쩌다 지하철이라도 타면 그 복잡한 차 안에서 서서 가기 일쑤다. 노약자석에 앉은 젊은 녀석이나 아가씨는 눈을 감고 앉아 있거나 핸드폰 게임에 빠져 있기 마련이다. 어느 때는 한 시간이 넘도록 서서 간 적도 있다. 사람은 많되 사람은 드물다.

둘째로, 서울은 너무 시끄럽다. 거리에도 광장에서도 차 안에서도 온통 시끄러운 소리뿐이다. 내 가 보지는 않았지만 국회의사당에서도 청계천에서도 강남에서도 시끄러운 소리들이 부산까지 들린다. 서울역 앞 광장에는 '투쟁'이라 쓴 붉은 머리띠 두르고 노란 수건인가 풍선인가 흔들어대며, 최고로 올린 확성기 소리, 어지럽고, 시끄럽고, 공포스럽다. 귀가 따갑다. 대한민국의 시끄러운 소리는 다 서울에서 생산된다. 농촌의 순박한 농민들도 서울만 가면 호랑이가 된다. 좀 조용히 살았으면 좋겠다.

셋째로, 서울은 공기가 너무 탁하다. 대기(大氣)도 그렇고 인간관계 속의 공기도 그렇다. 그 오염된 분진 속을 오염된 속인들이 떼로 몰려다니고 있는 것만 같다. 내 선골(仙骨)은 아니로되, 그래도 나무가 있고 새가 울고 꽃이 피고 밤이면 달과 별이 보이는 그런 곳, 웃음이 있고 인정이 꽃피고, 선한 얼굴들을 많이 볼 수 있는 그런 곳이 살만한 곳이 아닌가.

넷째로, 나는 서울의 지리를 잘 모른다. 따라서 어디를 찾아 가려면 여러 번 물어야 하고, 대답하는 사람들은 항상 서울 사는 자기 기준으로만 대답한다. 친절하게 대답하는 일은 별로 보지 못했다.

내가 탄 기차가 서울 근처에 이르면, 서울에 대한 경계심과 함께 주눅이 들기 마련이다. 그래서 서울 가면 편한대로 택시를 자주 이용한다. 지금이야 그런 일이 없다지만, 옛날에는 서울 택시는 시골 촌놈이 오면 일부러 빙빙 돌아서 목적지에 간다는 이야기도 있었잖은가. 설사 그렇지 않더라도 꼭 그럴 것만 같은 느낌이다. 택시비도 만만찮다.

지하철은 노인에게는 공짜다. 부산에서는 아무도 지키는 사람도 없이 스스로 단추를 눌러 공짜표를 얻는데, 서울에서는 머리가 허연 영감한테도 주민등록증을 내 놓으란다.

이러한 모든 현상들은 부산도 오십보백보지만, 이 모두가 촌로이기 때문에 가지는 열등의식이니 이 글 보는 사람들은 탓하지 말지어다.

촌로가 KTX를 탔다. 탈 때부터 긴장을 늦출 수가 없다. 값나가는 귀중품은 없지만, 그래도 몸에 지닌 것들에 대한 경계심은 있는 것이다. 열차 안에서 화장실을 갈 때도 가방을 들고 가야만 한다. 이러한 경계심리가 촌로들의 공통된 심리일 것이다.

몇 번씩 가 본 딸아이 집이지만 갈 때마다 길을 물어야 했다. 그래도 이번에는 서울역에 아내와 딸아이가 마중 나와 있어 다행이었다.

예정대로 아내는 입원 수속을 마치고 병실에 들었다. S병원이었다. 으리으리한 병원 크기와 시설에 우선 촌로는 어리둥절할 수밖에 없었다. 자동차 타고 청소하는 것 보고 신기해 했다.

입원 첫날, 저녁때가 되었다. 아내는 병원에서 식사가 나오지만 나는 밖에서 해결하는 수밖에 없었다. 저녁을 사먹으러 병원 앞을 나오니, 옆에 있는 Y대 학생들이 물결처럼 교문을 나온다.

건널목 신호를 기다리는 동안에 학생 둘이 길바닥에 내구르면서 고래고래 고함을 질렀다. 술에 몹시 취한 모양이었다. 신호가 바뀌어서 길을 건너는데 땅바닥에 뒹굴던 학생 둘이 이번에는 차도 건널목 중간에 가서 큰 대(大)자로 네 활개를 벌리고 누워 고함을 질렀다. 저러다 신호가 바뀌어 차가 지나가면 어쩐단 말인가? 그 옆을 지나는 수많은 학생들이 누운 학생을 피해 그저 옆을 지나가기만 했다. 내가 가서 끌어 일으킬까 생각했는데, 여학생 둘이 어디서 나타나서 힘에 겹게 그 남학생을 끌어 일으켜 나왔다. 그 남학생의 친구인가 보다. 내 공연한 걱정을 했구먼.

학생이니까 사람들은 용서하리라. 젊으니까 사람들은 이해하리라.

잠시 옛날 생각을 했다. 나도 대학시절은 있었다. 그때는 대학생 교복이 있었고 교복을 입기 싫으면 군 작업복을 까맣게 물들여 입고 다녔다. 요즘처럼 옷이 흔하지도 않았고, 흔하다고 해도 좋은 옷 사 입을 돈이 없었다.

까맣게 물들인 군대 작업복 나지막한 곳에 하얀 뱃지 하나 달면, 대학생으로서의 자부심이 꿈틀거리던 시절, 지방대학이었지만 서울에 있는 대학 못지않게 우리는 자긍심을 가지고 있었다. 가정형편상 거기 입학했기 때문이고, 또 지방대학으로서는 그래도 괜찮은 대학이라는 자부심을 가지고 있었기 때문이었다.

나도 술을 좋아했다. 돈이 없으니 주로 막걸리를 마셨다.

대학이 도시 변두리에 있었기 때문에 우리는 주로 그 변두리에서 마셨다. 친구들이 모여 술을 마시고 취하면, 사람이 잘 다니지 않는, 인가(人家)와 좀 떨어진 근처의 나지막한 민둥산에 올라 고래고래 소리 지르며, 턱없는 인생도 논하고 철학도 이야기했다. 때로는 흥이 나면 그 민둥산을 훌쩍훌쩍 뛰면서 춤도 췄다. 그때 들고 다니던 가죽으로 된 책가방은 때로 북이 되기도 하고 꽹과리가 되기도 했다.

나는 잠시 길바닥에 나뒹굴던 학생을 보고 눈살 찌푸린 생각을 반성했다. 대로에서의 일은 아니더라도 술 마시는 사람은 누구나 한 번쯤 그런 실수를 할 수 있다는 생각에서다. 나도 그런 축이 아니었을까 하는 생각도 들었다.

대학가 주변엔 촌로가 밥 사먹을 데가 마땅찮았다. 음식점은 즐비한데, 전부가 학생들을 상대로 하는 식당과 술집뿐이었다. 골목을 돌아다니다가 '육개장'이란 메뉴가 붙어있는 식당으로 들어갔다. 넓은 식당 안에 비어 있는 숱한 자리를 두고, 식당 아주머니가 안내한 자리는 꺾이어져 후미진 구석자리였다. 안내하는 대로 자리에 앉아 육개장을 시키고 또 생각에 잠겼다. 왜 저 넓은 자리를 두고 하필이면 이 구석자리에 앉혔을까? 해답을 얻는데는 그리 오래 걸리지 않았다. 우선 백발의 노인이 중앙에 떡 자리잡고 앉아있어 보라. 학생들이 들어오다가 분위기가 아니라고 나가버릴 것이 아닌가. 충분히 이해하면서 얼른 한 그릇 먹고 나왔다. 이래서 늙으면 서러운 것이다.

알고 보니 병원 안에도 식당이 있어, 다음날부터 병원 안 식당에서 먹다가, 또 아예 환자 식사에 밥 한 그릇을 더 달래서 먹었다.

병원에서 보내는 밤은 참 고즈넉했다. 병상 밑에 있는 보조침대를 펴고, 이불이 없으니 옷 입은 채로 새우잠을 잤다. 새벽에 잠이 깨어 일어나니 온몸이 불에 구운 오징어가 된 느낌이었다.

목욕탕을 찾아 나섰다. 새벽이라 드문드문 가게를 준비하고 있는 사람들을 잡고 물어, 어두컴컴한 골목 안의 한 사우나 목욕탕을 찾아갔다. 아마 원조 사우나쯤 되어 보이는 낡은 목욕탕은 안도 컴컴했다. 안쪽엔 수면실이 있는 듯해서 설친 잠을 좀 자 볼까 기웃거렸다. 희끄무레한 고깃덩어리들이 가운도 걸치지 않은 채 여기저기 멋대로 나뒹굴어져 있었다.

그런데 입구 쪽에서 웬 사나이가 홀렁 벗은 채 열심히 팔굽혀펴기 운동을 하고 있었다. 안을 기웃거리다가 깜짝 놀랐다. 팔굽혀펴기 운동하는 사람의 밑에도 사람이 하나 깔려 있었다. 그러고 보니 팔은 움직이지 않고 엉덩이만 상하운동을 하고 있는 것이 아닌가. 내 분명 남탕에 들어왔거늘 이 무슨 해괴망측한 광경이란 말인가? 사우나 수면실, 그것도 밖에서 거의 다 볼 수 있는 입구 쪽에서, 이런 일도 있단 말인가? 그 광경이 벌어지고 있는 지점에서 불과 2,3m 떨어진 곳에 한 젊은 청년이 평상에 앉아 담배를 물고, 턱을 괸 채 그 광경을 감상(?)하고 있었다. 나는 얼른 돌아 나와 목욕탕 안으로 들어갔다. 눈이나 좀 붙여 볼까 하던 생각이 싹 달아나 버렸다.

해괴망측한 일이로고. 그 광경을 감상하고 있는 청년 외에는 보는 사람이 없었으나 내 참 민망하였노라. 못 볼 것을 봐서 그런지 내 가슴이 괜히 뛰었다. 남을 의식하지 않는 행위, 이것이 현대인들의 행동특성인가? 이것이 흔히 있는 일인지, 아니면 그날 특이한 상황을 내가 목격한 일인지, 나는 아직도 궁금하다. 어쨌든 뜨거운 물에 몸을 좀 풀고 나오니 날이 새어 있었다.

이후 나는 열흘간 병원신세를 지면서 초조한 날들을 보냈다.

병원에 있는 동안 나는 여가 있을 때마다 병원 현관 앞 나무 아래 벤치에 앉아 하늘을 바라보았다. 하늘은 파란데 나무는 점점 여위어 간다.

이양하의 수필 「신록예찬」의 배경이 된 곳이 저 뒷산 숲 어디쯤일 것이란 생각을 한다. 그 신록이 지금은 다 낙엽되어 흩어지니 '신록무상(新綠無常)'이라 할까? 무상의 계절이요 허무의 계절이다. 오 헨리의 「마지막 잎새」도 생각했다. 만약에 아내의 수술이 잘못되어 저 나무에 나뭇잎이 다 떨어질 때까지 병원을 못 나가면 어쩌나 하는 우려도 있었다. 이제 나무엔 잎이 거의 다 떨어져 간다. 내가 괜히 "마지막 잎새"의 주인공이 된 것 같았다.

내가 벤치에 앉아 있을 때 나뭇잎이 떨어지다가 가끔 내 무릎에 앉기도 했다.

낙엽

병원 벤치에 앉으니
나뭇잎 하나 내려와
내 무릎에 앉네
바람이 데불고 갈 때까지
나뭇잎 서러울까 봐
내 일어서지 못할레라

아내가 내 무릎에 앉았네
세월이 내려놓을 때까지
서러울까 봐
서러워할까 봐
내려놓지 못하네

나뭇잎이 한 계절
나뭇가지 빌려 매달려 놀다가
하염없이 떨어져 그 나무 밑에 눕듯이
인생도 잠시 세월에 편승한 것
서러움이야
사라짐에 대한 감정일 뿐
세월이 싣고 가던 생명 하나
내려놓는다고 어찌 탓하랴

—미발표시

다행히 아내는 수술결과가 좋아 곧 퇴원하게 되었고, 처제 집에 좀 머물면서 요양하게 하고 나 혼자 부산으로 내려온다.

밀양, 삼랑진을 지나면서 낙동강 줄기를 보는 순간 마음이 푸근해지면서, 부산이 내 고향은 아니지만 고향 같은 느낌을 가진다. 내 마음 붙일 수 있는 곳이 고향이 될 수 있음을 실감한다.

아내의 병상일기

평소에 팔, 다리, 머리가 아프다고 하던 아내가 부산 모 대학병원에서 MRI를 촬영한 결과 수술해야 한다는 진단을 받고 고심했다. 수술해야 할 부위가 목 신경계통이어서 예민한 부분이고, 나이도 많은데 이를 어떻게 해야 할지 고심하다가, 우선 알아보기나 해야겠다는 생각으로 서울의 한 병원에 전화로 예약을 하고, 부산에서 찍은 MRI 사진을 가지고 아내를 서울로 보냈다. 가기 전 아내와 의논하기를 만약의 경우 잘못 되면 큰일이니, 얼마 남지 않은 인생 아파하면서 살자고 했다.

그러나 서울 간 아내가 진찰한 결과 수술하지 않으면 팔 다리에 마비가 올 수 있다는 말을 듣고 놀라지 않을 수 없었다. 그래서 병원 측과 입원 날짜와 수술 날짜를 정하고, 그렇게 되면 내가 가서 돌보지 않으면 안 되었다.

졸수(卒壽)의 어머니를 우선 여동생 집으로 모셔 놓고 11월 13일(2005년) 서울로 가서 이튿날 월요일 오후에 S병원 132병동 1366호 병실에 입원했다.

멀쩡한(?) 것처럼 보이던 아내가 환자복을 갈아입으니 갑자기 환자가 된 것 같았다. 수술은 수요일로 잡혀 있었다. 의사는 목 쪽을 째서 수술한다는 설명과 안심 시키는 이야기를 했다.

이틀을 기다려 수요일(11월 16일), 회진 온 Y박사가 점심 때쯤에 수술에 들어갈 것이란 말을 했다. 점심 때를 기다렸다.

전날 밤 10시 이후부터 아내는 굶고 있었는데, 오후 1시가 되어서야 이동카가 왔다. 이동카로 옮겨 타는 아내의 얼굴을 슬쩍 보니 공포에 질린 표정이 역력했다. 수술실에 들어가면서 담당직원이 가족은 가족대기실에 가 있으면 상황을 볼 수 있고, 나중에 방송으로 가족을 부를 때 오라고 했다.

가족대기실을 찾아가니 많은 사람들이 앉아서 수술환자 현황판을 초조한 얼굴로 바라보고 있었다. 나와 처제와 딸아이가 함께 식당에 갔지만 밥 생각도 없어 먹는 둥 마는 둥 하고 다시 대기실에서 기다리고 있었다. 수술환자 현황판에는 환자의 이름, 과, 상황, 시간 등이 기록되어 나오고 있었다. 아내의 이름 다음에 '수술준비중 13:00'라는 기록이 나왔다. 현황 전광판은 가나다 순으로 이름이 올려져 있었고, 차례로 돌아가면서 나오고 있었다. 드디어 '수술중 14:00'라는 기록이 떴다.

제발 수술이 잘되기를 눈을 감고 기도했다. 내 종교가 없으니 누구한테 기도했는지는 잘 모르겠다. 아내가 천주교 신자이니 천주님이시여 하느님이시여, 내가 산사에 가면 부처님께 절을 올렸으니 부처님이시여, 장인 장모님이시여,

아버님이시여, 이렇게 모두 머리 속에 떠올렸다.

애초에 수술은 1시간 내지 1시간 반이 걸릴 것이라 했다. 그 한 시간 반이 지나고 두 시간이 지나도 여전히 '수술중'이다. 현황판의 다른 사람들을 보니, 어떤 사람은 아침 8시 50분에 시작한 수술이 오후 4시가 되어도 그대로인 사람도 있었다. 아내와 같은 신경과여서 더욱 신경이 쓰였다. 초조한 마음으로 그저 밖을 들락날락했다. 커피를 자판기에서 빼먹기도 하고 음료수도 마셔 본다. 16:00시가 지났다. 마음은 더욱 초조해진다.

드디어 아내의 이름 다음에 '회복중 16:25'라는 기록이 떴다. 얼마 후에 '회복실로 이동'이란 글자가 나왔다.

그런데 이게 웬 일인가? 갑자기 아내의 이름이 현황판에서 사라졌다. 불길한 예감이 들었다. 수술실로 뛰어 올라가니 수술실 앞에는 직원 한 사람이 버티고 서서 수술에 방해가 되니 빨리 가란다. 그 사람을 잡고 현황판에 환자 이름이 사라졌으니 알아 봐 달라고 했다. 직원이 안으로 들어가더니 곧 간호사가 나와 전산오류로 그렇게 되었으니, 걱정 말고 대기실에서 기다리면 이름을 올려놓겠다고 했다. 그러나 아무리 기다려도 아내 이름은 전광판에 뜨지 않는다. 회복실로 갔다. 거기도 오지 말라고 막고 있었다. 간호사 한 사람을 잡고 상황을 또 설명하고 알아 봐 달라고 했더니, 간호사가 안에 갔다가 한참 후에 나왔다. 아내는 마취에서는 깨어났고, 가슴에 통증을 호소하여 심전도실에 갔다 왔고 혈액검사도 다시 했다고 했다. 그렇잖아도 아내는 심장이 좋지 않았고 그것도 수술 전에 걱정하기도 했었다.

그러나 가족대기실 현황판엔 계속 이름이 오르지 않았다. 답답하고 초조하여 괜히 회복실에 올라갔다가 내려왔다가 하며 애를 태웠다. 아내보다 늦게 들어간 사람들도 가족을 부르는 방송이 나오는데, 오후 6시가 지나도 아내는 소식이 없다. 입 안이 바싹 마르고, 별의 별 생각이 다 들었다. 불길한 생각만 자꾸 든다. 만약에 잘못된다면 어쩐단 말인가? 나는 혼자 살 수 있다 치더라도 구순(九旬) 노모(老母)는 어찌하며 결혼도 하지 않고 있는 저 아들 딸을 어쩐단 말이냐?

몇 달 전에 저 세상으로 간 친구가 생각났다. 일찍 아내를 잃고 혼자 살던 친구가 죽어, 그 장지에 따라갔더니, 과년하도록 결혼도 하지 않고 있는 아들 딸이 무덤에 뒹굴며 통곡하던 일, 천하에 불효한 놈들, 부모가 언제까지나 살아있을 줄 알고 그 나이가 되도록 시집 장가도 안 갔단 말인가? 그 친구가 어찌 눈 감고 저세상으로 갔단 말인가?

내 자식도 그럴 수 있다는 생각이 들었다. 이 핑계 저 핑계 대면서 결혼을 미뤄온 놈들 아니던가.

오후 7시가 되어서야 가족을 찾는 방송이 나와 회복실 앞으로 달려가니, 이동카에 아내가 산소호흡기를 쓴 채 실려 나온다. 눈을 감고 있다. 불러본다. 괜찮으냐고 물어 본다. 아내는 알은 체를 하고 눈을 떴다 감았다. 오, 신이시여! 나는 태연한 척하면서도 속으로 부르짖었다.

아내는 다음날까지 물 한 모금도 못 마셨다. 마시면 토해내고 대소변도 자력으로 해결하지 못했다. 그러나 하루가 지나고 나니 많이 좋아지고 회복은 빨랐다. 병원에 입원하여 8박 9일만에 퇴원했다.

수술실 엿보기

수술환자 가족 대기실에 앉아 눈감고 아내가 들어간 수술실을 본다. 수술실 안은 온통 캄캄한데 아내가 손으로 하트 모양을 지어 보인다. 언제 저런 걸 배웠담. 하트가 붉은 심장이 되었다. 그리곤 눈감고 깊은 잠에 빠진다. 전광빛을 발하는 날카로운 칼날이 공간을 유령처럼 떠다니더니 아내의 목줄기를 그어댄다. 순간 가느다란 핏빛 비명 소리가 짧게 들린다. 내 아들과 딸들이 옆에 섰다. 아버지 어머니 장인 장모도 옆에 와 계신다. 검은 피가 강물처럼 흐르는데 검은 까운을 입고 검은 마스크를 한 의사는 옆에서 구경만 하고 있다. 그것은 분명 저승에서 온 검은 사자일 것이다. 내 저놈을 잡아 저놈의 몸에서 흐르는 검은 피를 보리라.

아내가 누운 수술대 옆에 꽃 한 송이가 핀다. 붉은 꽃이다. 꽃잎은 한 잎 또 한 잎 아주 천천히 피고 있다. 드디어 노란색 꽃술도 보인다. 아내가 비로소 신음소리를 내고 기지개를 켠다. 의사는 흰 까운에 흰 마스크를 하고 있다. 붉은 피 묻은 칼날이 의사의 손에서 떨어져 눕는다.

아내가 날 보고 웃는다. 붉은 꽃 한 송이 입에 물고 나온다.

여섯 시간이 걸렸다.

—미발표시

행운유수行雲流水

집에 혼자 있다가 화장실에 들어가 앉았는데 벨이 울렸다. 문밖을 대고 누구냐고 소리쳤더니 뭐라고 답을 하는데 잘 들리지 않았다. 보던 일을 중단하고 나와 현관문을 열었더니 여자 두 분이 막 계단을 내려가고 있어, 무슨 일이냐고 물으니 전단지 하나를 주면서 읽어 보란다. 무엇이냐 물으니 어물어물하는데, 다른 여자분이 정색을 하고 다시 올라와서 우리 인간을 만든 창조주께서 운운했다. 나는 화가 치밀었다.

남의 집에 시도 때도 없이 벨을 울려 사람을 불러내어 하느님 믿으라니, 이 무슨 실례란 말인가. 하느님이 그렇게 시켰는지 몰라도 이건 큰 실례임에 틀림없다. 어떨 때는 낮잠을 곤히 자고 있는데 이런 일이 벌어지기도 하고, 때로는 무슨 일에 열중하고 있는데 벨을 울려 나가보면 신문 보라고 한다든지, 예수 믿으라고 하는 일이 가끔 있다. 나는 그때처럼 화가 날 때가 없다.

내 집을 찾아온 사람이지만 화가 치밀었다. 나도 모르게 버럭 고함을 지르고 말았다.

"할 일이 그리 없소? 할 일이 그렇게 없거든 남의 집을 찾아다니면서 귀찮게 하지 말고 집에 가서 낮잠이나 자이소."

아주머니 두 분이 겁에 질려 달아나 버렸다.

오후에 서점에나 들러볼까 하고 서면에 나가, 책 두어 권을 사들고 돌아오려고 지하철 승강장에 내려가니, 사람들이 줄을 늘어섰다. 맨 끝에 가서 붙었다. 차가 와서 차례로 타는데 어디서 사람들이 슬금슬금 새치기를 하며 앞으로 슬쩍 붙는다. 화가 치밀어 왔다.

나는 새치기하려는 사람을 못하게 막으려고 빠른 걸음으로 앞 사람을 따라가다가 어떤 새치기하려는 사람의 팔과 내 팔이 부딪혔다. 순간 '아야' 하는 소리가 들렸지만 상관 않고 차를 탔다.

팔 부딪힌 사람이 '할아버지' 하고 따라와서는 왜 남의 팔을 치고 가느냐고 따졌다. 그제서야 돌아보니 팔에 깁스를 하고 있었다. 팔을 다친 사람인 모양이었다. 그 팔이 나와 부딪힌 것이다. 좀 아팠는지 엄살인지는 알 수 없으되, 그렇게 세게 부딪힌 것은 아니었다. 그러나 내가 일부러 친 것이 아니고, 새치기하려는 것을 못하게 나는 바로 걷다가 부딪혔노라고 얘기해도, 그는 새치기할 생각이 없었다는 것이다. 새치기할 생각이 없었으면 어찌 정상적으로 걸어오는 나와 부딪혔느냐고 말다툼이 몇 마디 오갔다.

설 며칠 전에 나는 올해 내 나름대로, 글씨는 잘 못 쓰지만 어떤 신춘휘호(新春揮毫)를 하나 써 본답시고 큼지막한 예서체로 '行雲流水(행운유수)' 라고 써서 벽 못에다가 꽂아 보았다. 올해뿐 아니라 내가 평소에 좋아하는 성구(成句)다. 그렇게 살고 싶다는 것이 나의 생각이다. 구름이 가듯, 물이 흘러가듯 살아가고 싶다. 막으면 막히고 틔우면 또 흘러가고 근심 걱정 없이 유유자적하며 살고 싶은 것이다.

그러나 오늘 나는 두 번 화를 내며 소리 질렀으니 이 무슨 돼먹지 못한 행동인가. 나의 일을 방해하며 예수 믿으라고 하더라도 화를 내지 말고 좋게 응답하고 보냈어야 했고, 새치기하더라도 조금 참고 천천히 타면 되었을 것을, 왜 버럭 화가 났는지 모르겠다. 또 화가 나더라도 혼자 새기고 참았어야 하는데 그렇질 못했다. 이것이 나의 수양되지 않은 감정의 폭발이니 이게 무슨 행운유수인가.

나는 지금 오늘의 두 가지 일을 반성하고 있다. 다시는 그런 즉흥적인 감정 폭발은 하지 않으리. 그러나 언제 또 폭발할는지 모르니, 앞으로는 화가 날 때 좀 느긋하게 생각해야겠다고 마음 먹는다. 이 나이에 뭐를 다시 그렇지 않겠다고 다짐하는 것도 이상하니, 속 마음으로 그분들께 미안한 생각만 가진다. 허기야 구름도 때로 소낙비를 내리고, 흐르는 물도 때로 사납지 않던가.

실수 이제失手二題

강원도 지방 여행을 다녀온 지 1주일이 지났는데, 도무지 거기 풍광이 머리에서 떠나지 않는다. 구절리의 밤과 오장폭포, 송천계곡의 단풍과 계곡물, 대기리를 지나면서의 단풍, 닭목재, 대관령, 삽당령의 그 풍성한 단풍이 자꾸만 머리에서 가슴에서 맴돈다. 그 중에도 삽당령의 단풍은 그야말로 서럽도록 흐드러져 말로 표현하기 어려웠다. 삽당령 단풍을 소재로 싯구를 생각해도 그 단풍을 뭐라고 표현해야 할지 답답하기만 했다. 허기야 아직도 그 여행기를 정리하고 있는 중이니 그럴만도 하리라.

그래서 '삽당령에 서서'라고 제목부터 정해 놓고 시어들을 찾는데, 아무래도 적당한 말이 생각나지 않는다. 벌써 며칠째 계속이다.

오늘 오후에 목욕탕에 가면서도 그것을 골똘히 생각했다. 집에서 그 글을 보던 연장이었다.

목욕탕은 2층이 여탕이고 3층이 남탕인데, 삽당령을 생각하다가 2층 목욕탕 문을 열어젖혔다. 목욕탕 현관에 전에 없던 나무발판이 하나 놓여 있었다. 새로 가져다 놓았는가 생각하면서 신발 벗을 자리를 찾는데, '아저씨' 하는 앙칼진 여자 목소리에 정신이 번쩍 들어, '앗' 하는 비명을 지르면서 뛰쳐나오고 말았다. 행여 뒷덜미라도 잡힐세라 3층으로 정신없이 뛰어 올라 갔다.

목욕탕에 앉아 목욕을 하면서도 정신이 없었다. 그 아주머니가 내 얼굴을 알아보면 어쩌나 하는 생각에 또 골똘했다. 그런 와중에도 '할아버지' 라고 부르지 않고 '아저씨' 라고 불러준 것이 한편 고맙다는 생각이 들기도 했다. '할아버지' 라는 말에 익숙해져 있었기 때문이다.

차츰 정신이 들었다. 그러고는 거기서 무엇을 보았는가를 생각해 보았다. '아저씨' 라고 소리치던 아주머니의 얼굴도 기억나지 않았다. 가만히 생각해 보니 뛰쳐나오면서 힐끗 본 희멀건 살덩이 하나가 생각났다. 그 순간에는 무엇인지도 몰랐으나 여인의 벌거벗은 뒷모습이었을 것으로 생각되었다. 그분께 대단히 미안한 일이지만, 윤곽도 떠오르지 않는 그 모습이, 느낌에 큰 고깃덩어리 같았다는 생각이 들었다.

삽당령의 단풍은 살이 찐 단풍이었다. 뭉실뭉실 피어오르는 불그스레한 뭉게구름 같았다. 나는 그 삽당령을 '나의 심장을 꺼내 이 백두대간에 누가 널었느냐' 하고 표현했었다. 그게 아무래도 못마땅해서 생각하다가 이런 실수를 범하게 된 것이다. 드디어 나는 그 싯구를 다시 고치기로 했다. 더 좋든 더 못하든 고치기로 했다. '풍성한 여인의 달아오른 나신/ 누가 이 백두대간에 세웠느냐' 라고.

이왕 들어간 김에 좀 자세히 보고나 나올 걸… 히히히.

지금으로부터 한 50여년 전 일이다. 대학입학시험을 보려고 대구에 갔다. 나는 촌놈이라 대구와 같은 큰 도시를 간 것은 처음이었다. 가기 전부터 나는 도시에 주눅이 들어 있었다.

여담이지만 대구에 처음 갔을 때의 느낌은, 대구가 온통 똥통 도시로구나 하고 느꼈다. 내 고향에서 대구를 들어가는 관문이 대구 북쪽 팔달교였는데, 버스를 타고 팔달교를 건너서 차창을 내다보니, 인분을 퍼 나르는 수레가 한없이 뻗어있었다. 속되게 말해서 똥구루마가 신작로에 장사진을 쳐서 지나가면서 냄새까지 풍겼기 때문이다.

대구에 가서 기숙한 집은 고등학교 1년 선배가 자취하는 집이었다. 그 집은 대학과 가까운 거리에 있었다.

당시에는 대학 자체에서 주관하는 본고사를 이틀씩이나 치렀다.

첫날 시험을 치르고 나는 실망하고 말았다. 아무래도 떨어질 것만 같았기 때문이다. 허기야 촌놈이 시골 고등학교에서 과외수업 한번 받아보지 못하고 문제집 한 권 사보지 못하고 입학시험공부라고 따로 해 보지 못했으니, 떨어지는 것이 당연한 일이었을지도 모른다.

그러나 나는 만족치 못한 시험 때문에 고개를 떨구고, 내가 기숙하는 선배의 집으로 돌아왔다. 선배 집이라고 생각되는 집으로 들어갔다. 이 집들이 옛날 일제시대 철도관사였는데, 집 모양이나 구조가 똑 같았고 심지어 집 앞에 심어 놓은 나무도 거의 같은 것으로 기억된다.

현관문을 여니 현관 안 구조는 같았지만 분위기가 좀 이상하다 싶었으나, 개의치 않고 신을 벗고 올라서서 방문을 열어젖혔다. 방 구조도 크기도 똑 같은데, 놓여 있는 책상의 위치가 좀 달랐다. 책상 앞 의자에 한 여학생이 책을 보고 앉아 있었다. 그때야 깨달았다. 다른 집에 들어왔구나 하고. 아! 비명 한 마디를 뱉어내고 얼른 나와 신을 신고 밖에 나서니 집이 똑 같아서 분간이 안 되었다. 집을 눈여겨 보아두지 않은 것을 후회했지만 소용없었다. 똑 같은 집들이 여러 수십채였다. 나는 집을 찾을 수가 없었다.

그러다가 생각난 것이 있었다. 아침에 자고 일어나서 밖을 나가니 집 앞 나무 밑에 누군가가 똥을 한 무더기 누고 간 것이었다. 나는 그 집을 찾기 위해서 집 앞 나무 밑에 똥무더기가 있는 집을 찾아야 했다. 그 사이에 누가 치워버렸다면 큰 일이다. 첫째 줄, 둘째 줄, 셋째 줄. 이렇게 차례로 찾아나섰다. 넷째 줄에선가 드디어 나는 그 똥무더기를 찾았다.

천만다행이었다. 똥무더기를 누가 치웠더라면 하루 종일 찾을 뻔했다. 생전 도시에 처음 나온 촌놈이 스무 살 때의 일이었다. 다행히 나는 그 대학에 합격했고 졸업을 했다. 어쩌면 그 똥 무더기 덕택이었는지도 모르겠다.

그런 실수를 한 지 50년 후에 이제 이 나이에 또 여자 목욕탕을 찾아들어가는 실수를 했으니 어쩐단 말인가. 행여 나를 그 여탕에서 본 아주머니가 내 얼굴을 알아보는 같은 아파트 사람이거나 주위의 사람이라면 나를 볼 때마다 어떻게 생각할까? 나이 많은 늙은이라서 노망한 것이라 보지는 않을까?

허기야 내 인생을 돌아보면 얼마나 많은 실수를 했겠는가. 따지고 보면 인생을 좌우하는 실수도 없지 않았다. 인생길에서 판단착오는 바로 실수이니까. 또 실수라고 생각한 것이 나이 들어 생각하니 떳떳한 선택을 바른 대로 잘 했구나 하는 일도 때론 있어서 잘못 살아온 인생을 혼자 자위하는 일도 있다. 그런가 하면 그때는 잘한 일이라고 생각한 것도 지금 생각하면 후회되는 일도 있으니, 그것도 실수임에 틀림없는 일이다. 제발 얼마 남지 않은 인생에선 실수하지 말고 추하지 않게 살다 가야지 하는 생각뿐이다.

화장실 소고

요즘은 모든 사람들이 점잖게 '화장실'이라고 하지마는 나는 처음 화장실이란 말을 듣고 '화장하는 방'이라고 생각한 적이 있었다.

원래 화장실을 부르는 우리말은 여럿 있었다. 뒷간, 통시, 통숫간, 칙간(厠間), 정랑(淨廊), 정방(淨房), 변소(便所). 또 요즘은 절에서 '해우소(解憂所)'라는 말을 쓰고 그것이 유래가 되어 가끔 절이 아닌 곳에서도 '해우소'라는 말을 써 붙이는가 하면, 한자를 풀어서 '근심 푸는 곳'이라 써 붙인 곳도 있다.

'뒷간'이란 말은 '뒤를 보는 공간'이란 뜻일 테고, '통시, 통수, 통숫간'은 경상도 지방의 사투리다. 나는 어릴 때 '통시'로만 알고 자랐었다. 확실하지는 않지만 아마 '통시(通屎-변을 통하는 곳)'이거나 어순은 맞지 않지만 '통시(桶屎-변을 담는 통)'가 아닌가 생각해 본다. '측간'은 '뒷간'의 한자말이고, '정랑(淨廊)' 또는 '정방(淨房)'은 점잖게 한자말을 써서 역설적으로 '정결한 곳'이란 뜻이 있으리라.

학교에서 학생들이 한 학기가 지나고 방학이 되면 성적표를 받아오는데, 그것을 '통신표(通信表)' 또는 '통지표(通知表)'라 한다. 옛날 내 고향 어느 어른은 '통신표'를 '통시표'로 잘못 알았던가, 성적이 안 좋았던 아이가 통신표를 보여드리지 않자 아이를 불러 '정랑표'를 가지고 오라고 호통을 쳤다는 일화도 있다.

'변소'는 그대로 '변을 보는 곳'이란 뜻이다. 내가 학교에 들어가기 전에는 '통시'라고 하다가 학교에 들어가서 처음으로 '변소'라는 말을 듣고 쓰기 시작했다. 물론 이 말은 지금도 쓰고 있는 말이기도 하다.

'화장실'이란 말은 거의 어른이 되어 사회생활을 하게 되면서 알았다. 실제로 우리 사회에서 화장실이란 말이 일반화 된 것은 그리 오래 되지 않는다.

나는 변소를 왜 '화장실'이라고 하는지 궁금했었고 그 궁금증은 아직 해결하지 못했지만, 인터넷 검색을 해서 찾아보니, 옛날 영국 상류층 가정에서는 머리에 파우더 크라릿(powder cloret)이라는 가루를 장식으로 뿌렸는데, 그것을 뿌리고 나면 손을 씻어야 하기 때문에 그러한 공간이 필요해서 생겨난 말이라고만 했다. 그렇다면 역시 '화장하는 방'이란 뜻에 근접하는데 그래도 아직 이해가 잘 가지를 않는다. 그러나 어쨌든 화장실이라고 하니 조금은 고상하고 냄새가 덜 풍기는 현대식 수세식 변소 같은 느낌이 들어 좋긴 하다.

'해우소'는 '근심 푸는 곳'이란 뜻으로 사찰에서 쓰는 말이다. 일설에 의하면 처음 다솔사(多率寺)에 '해우정(解憂亭)' 이란 이름을 쓴 데서 유래했다고 하나, 정확한지는 잘 모를 일이다.

깊은 산골 절간에 무슨 그 일이 근심이 되랴만, 도시에서 대소변이 급할 때 해결할 곳이 없어 애를 태워본 사람은 '해우소' 라는 이름에 수긍이 가리라. 그도 그렇지만 나는 '해우소' 라고 하면 그 깊이부터 머리에 떠오른다.

나는 화장실에 두 번씩이나 빠진 경험이 있어 화장실에 대한 공포도 있지만, 고소공포증도 있어 절간에 가서 아득히 내려다보이는 화장실은 아슬아슬한 느낌마저 들어 볼 일을 보는데 여간 겁이 나지 않는다. 내가 가 본 해우소 중 그 깊이에서 기억에 남는 곳은, 앞에서 말한 다솔사의 경우이고, 그보다 더 깊은 곳이 불영계곡에 있는 불영사였다.

'화장실' 이라 하건 '통시' 라 하건 또는 '변소' 라 하건 구분 없이 쓰지만, 그 말들의 느낌부터가 다르다. 어쩐지 그 이름에서 화장실의 발달과정이 들어나는 것 같기도 하다. '통시' 는 옛날 시골의 재래식 화장실이요, 그 재래식 화장실을 어른들이 점잖게 부를 때는 '뒷간' 이라 한다든지 '정랑' 이라 했고, 조금 근대식 시멘트를 가지고 만든 화장실을 '변소' 라 하고, 현대식 좌변기로 된 수세식에다 볼 일 보고 손이라도 씻을 수 있는 데를 '화장실' 이라 하는 것이 어쩐지 어감상 옳을 것 같다.

옛날 시골의 뒷간은 될 수 있으면 방이나 부엌에서 멀리 떨어진 곳에, 따로 집을 지어 만들었다. 볼 일 보는 곳은 따로 가리어진 곳이지만 그 변을 받아내는 곳은 밖으로 나와 큰 웅덩이를 만들어 분뇨를 퍼서 논밭에 거름으로 져다 나를 수 있도록 노출되어 있었다. 가끔 시골에서는 그런 곳에 빠지는 수가 있었다. 요즘처럼 화학비료나 전문적으로 삭힌 거름이 없었기 때문에 분뇨는 유일한 거름이기도 했다. 풀을 베어 만드는 퇴비도 분뇨를 퍼다 부어야 좋은 퇴비로 만들어진다. 그래서 변 웅덩이에 물을 끌어들여 똥물과 섞어서 똥장군이나 옹기로 들에 지게로 져다 날랐다.

그런데 문제는 거기에 물을 채우면 안에서 볼 일을 볼 때 한 덩어리씩 떨어지면 엉덩이까지 물이 튀어오르니 조심해야 했다. 그래서 덩어리가 떨어졌다 싶으면 엉덩이를 들고 반쯤 일어섰다가 앉곤 했다.

화장실의 구조도 달랐다. 통시는 그냥 길쭉한 돌 두 개를 양쪽에 걸치거나 두꺼운 나무 판대기를 양쪽에 걸쳐 쪼그리고 앉도록 되어 있고, 그래도 변소 정도 되면 현대식 시멘트로 만들어져 있다. 수세식에도 쪼그려 앉는 수세식이 있는가 하면 요즘처럼 좌변 수세식도 있다.

내가 군대 있을 때 우리 소총중대가 미군 경비중대로 파견이 되었는데, 거기 가서 보니 화장실이 또 희한했다. 마루처럼 된 곳에 구멍을 뚫어 좌변기식으로 엉덩이를 붙이고 앉아서 일을 보도록 되어 있었는데, 옆에 가리는 칸막이가 없었으니 여러 사람이 한꺼번에 들어가면 엉덩이 까고 앉아서 옆 사람과 이야기하며 볼 일을 봤다. 그러나 엉덩이 붙이고 앉아서 볼 일 보는데 익숙하지 못한 사람들이 많았으니, 그런 사람은 우리 통시에 앉듯 쪼그리고 앉아 일을 보는 사람도 있었다. 그런데 그 뚫린 구멍이 요즘 생각하니 마치 하트 모양이었던 것이다. 이것도 좌변식이긴 하나 수세식은 아니니 미군이 생각해낸 한국식 화장실이라 할까. 한국식과 서양 좌변식의 중간 형태인 셈이다.

참 격세지감이 있지만 뒤를 보고 뒤를 닦는데도 많이 발전했다. 옛날 시골에는 주로 짚을 이용했고, 또 못자리를 하고 난 후에 걷어온 썩은 새끼를 몽탕몽탕 잘라서 이용하기도 했다. 집안에 종이라고는 어쩌다 생긴 비료 푸대가 있었는데, 이것을 가위로 손바닥만하게 끊어 뒷간에 비치해 두기도 했다. 그것만 해도 짚에 비하면 고급에 해당하지만, 문제는 비료푸대라서 비료기가 묻어 있으니 잘못하면 뒤가 따가울 수도 있었다. 그러다 대처에 나오게 되면서는 주로 헌 책장이나 신문지를 이용했고, 그래도 고급은 하루 한 장씩 떼는 달력이었는데, 그런 달력이라도 구할라치면 화장실 갈 때마다 한 장씩 떼어서 들고 들어가기도 했다. 지금 같은 화장지를 접한 것은 훨씬 뒤의 일이다.

도시에 나와 살림을 차려서 이른바 '변소'라는 것을 이용하게 되니, 이제는 그 변을 처리하는 일이 문제였다. 셋방을 살면 똥 풀 때마다 똥 푸는 값을 주인과 나누어 내야하고, 내 집을 가지고 살게 되어도 똥 푸는 값을 가지고 분뇨수거하는 사람과 다투는 일도 비일비재한 일이었다. 그것도 흡입식이 아닌 용기로 퍼내는 것은 한 통에 얼마씩 내야 했고, 그러다가 흡입식 분뇨수거차가 다녔다. 집 주인과 셋방 사는 사람들이 똥값 때문에 목청 높여 싸우는 진풍경이 자주 연출되기도 했다.

화장실에 얽힌 전설 같은 이야기가 많다. 주로 여고 화장실에 전하는 이야기로는 귀신 나온다는 이야기에다, 때로는 화장실에서 자살하는 사건도 있었으니, 학생들이 야간자습이라도 하다가 화장실에 갈 때는 겁을 집어 먹고 친구를 대동해야 하는 일이 많았다. 우리 어릴 때에도 통시귀신이 있다는 이야기를 들었고, 그래서 밤이 되면 아이들은 변소에 가지 못해 어른을 대동하고 가서 화장실 문 앞에다 세워 놓고 볼 일을 보는 일은 흔히 있는 일이었다. 갓 시집간 새색시도 화장실을 못 가서 신랑을 화장실입구 앞에 세워 놓고 볼 일 보는 일이 많았으니, 밖에 보초 선 사람이 가버릴세라 끊임없이 말을 걸어 확인까지 하는 진풍경도 흔히 있는 일이었다. 이래저래 화장실은 꼭 필요한 것이지만 여러 가지 웃지못할 이야기들이 많다.

시인 정호승은 '눈물이 나거든 기차를 타라' 라는 시에서 '눈물이 나거든 기차를 타고 선암사로 가라/선암사 해우소로 가서 실컷 울어라/....../선암사 해우소 앞/등 굽은 소나무에 기대어 통곡하라' 고 했다. 선암사 해우소까지 갈 것 없이 옛날 우리네 살림살이에 화장실은 울고 싶을 때 가서 울고 나오는 곳이기도 했다. 그래서 화장실을 해우소라 했는지도 모르겠다.
복효근의 시 한 수를 보자.

선암사 해우소

선암사 매화 보러 갔다가
매화는 일러 피지 않고
뒤가 마려워 해우소 찾았지
똥 싸는 것도 사람의 일
별거 있느냐는 듯
칸마다 문짝도 없는 해우소
하얀 화장지 대신
손바닥만하게 잘라 놓은 10년 지난 신문지
가지런히 놓여 있어 들여다보니
옛 독재자 사진이
웃으며 신문에 박혀 있는데
일을 마치고 그놈으로 밑을 닦았지
내려다보니
깊이는 또 얼마나 깊은지
까마득한 바닥에서
큰스님 큰 근심도 내 작은
걱정도 독재자의 억지웃음도
한 가지 똥이 되어
그야말로 승속이 여일한데
화장실로는 번역할 수 없는 해우소
그 깊은 뜻 깨달았지
세상에 똥구린내가
매화향처럼 느껴지긴 난생 처음이었지

노인과 호칭

대학을 졸업하고 발령을 받기 위해 서류를 제출하러 촌놈이 처음으로 부산에 왔다. 광복동 입구에서 친지집을 찾아가는데, 길을 몰라 나이 지긋한 사람을 잡고 길을 물었다.

"할아버지 말 좀 물읍시더. 전신전화국 쪽으로 가자면 어디로 갑니껴?"

그 사람은 나를 한 번 힐끗 돌아보더니

"따라 오이소"

하고는 걸어갔다. 나는 열심히 그 사람을 따라갔다. 같이 가면서 그 사람은 어디서 왔느냐고 했다. 대구서 왔다고 하니 대구 사람은 나 같은 사람을 '할아버지'라고 부르느냐는 것이었다. 나는 웃으면서 뭐라고 부르느냐고 물었다. 그제야 내가 눈치를 채고 죄송하지만 연세가 얼마시냐고 물었다. 쉰 일곱이라 했던가.

지금 생각하면 쉰 일곱 된 사람을 할아버지라고 불렀으니, 그분 얼마나 서운했겠는가 싶다. 지금은 그렇게 부른 것이 크게 잘못되었다고 여겨지지만, 당시로서는 연세 지긋한 사람을 할아버지라고 부르는 것은 상대를 높여 부르는 존칭으로만 생각했다.

세월이 지나 내 나이 그보다 더 먹었을 때, 길거리에서 가끔 할아버지라는 호칭을 듣고는 참 서운한 생각이 들었던 기억이 난다. 뒤에 나도 손자 손녀를 보게 되고 할아버지라는 말을 듣는 빈도가 잦아지면서, 이젠 아무렇지도 않게 되었지만. 아니 오히려 당연하게 여겨진다.

나이 많은 어른을 부르는 말이 참 일정치가 않다. 길거리나 밖에 나가면 나를 부르는 호칭이 참 여럿 있다. 할아버지로부터 아저씨, 영감님, 어르신, 심지어는 가게 같은 데를 가면 종업원이 '아버님'이라고까지 하니 세태를 반영한 것일까?

'할아버지'라는 말은 옛날에는 어른을 존경하는 뜻이 들어있어 많이 쓰던 호칭이었다. 그러나 요즘은 수명이 길어지고 노인들의 활동이 많은데다가, 워낙 모두 젊어 보이고 젊게 보는 것을 좋아하여 할아버지라고 불리면 좀 서운하게 생각하는 것이 사실인 것 같다.

'아저씨'라는 호칭은 광범위하게 쓰인다. 20대에서부터 요즘은 70대까지도 아저씨라 부른다. 부르는 사람에 따라 다를 수는 있지만 가장 흔한 호칭이다. 그 대표적인 것이 군인아저씨가 아닌가 생각된다. 따지고 보면 복무중인 군인은 20대 초반인데 아저씨라고 불리게 된다. 나이 많은 사람도 자기 아들 또래의 군인을 부를 때는 군인아저씨라고 한다. 요즘은 할아버지라는 호칭을 싫어함을 아는 사람들은 일부러 노인을 보고도 아저씨라 부르는 수가 많다.

한번은 집 앞에서 조그만 자동차 접촉사고가 있었는데, 내 차가 그 차를 받았는지 그 차가 내 차를 받았는지 지금도 분간하기 어려우나, 그 차의 젊은 기사와 다투는 과정에서 나를 보고 영감이 먼저 이래저래 하지 않았느냐고 대들었다. '영감님'도 아니고 '영감'이었다. '영감'이란 말은 따지고 보면 나쁜 말은 아닌데, 나는 굉장히 언짢았던 기억이 난다. 그 말로 인해 또 한 차례 다투기도 했다. '영감' 혹은 '영감님'이란 말은 여자가 나이 들어 남편을 부르는 말이기도 하고, 나이 많은 사람을 대접하여 부르기도 하는 말이다. 더구나 옛날에는 종이품과 정삼품의 벼슬아치를 부르던 말이라고 한다.

초등학교 때 한번은 군수가 학교에 와서 학생들을 모아 놓고 연설을 하는데, 교장선생님이 단상에 올라가서 소개하기를 '군수영감께서 바쁘신데도 불구하시고…'하는 바람에 얼마나 늙었을까 했는데, 나중에 단상에 올라선 군수를 보니 새파란 젊은 사람이었다. 그때는 왜 군수영감이라 했는지 이해하기 힘들었다.

그렇게 보면 하나도 기분 상할 일은 아닌데 어째서 그런 생각이 들었을까? 그러나 이 말도 경우에 따라서는 노인을 경멸하는 뜻이 다분히 담겨 있다. 아무나 노인을 보고 '영감'이라 불러서는 오해 받기 쉽다. 높이는 척하면서 얕잡아 보는 호칭으로 느껴진다.

호칭만 두고 말한다면 요즘은 더욱 아첨하는 쪽으로 흘러간다. 가게의 여종업원이 '아버님'이라 부르는데 이르면, 이는 얼른 생각하면 친밀감이 드는 호칭같이 느껴지지만 물건을 팔아먹기 위한 지나친 아첨이라 여겨지기도 한다. 생판 모르는 남을 보고 아버님이란 호칭을 함부로 쓰는 것은 그 속셈이 들여다보이는 것 같아서 왠지 마음에 들지 않는다. 어찌 보면 그 말 속엔 바가지라도 씌우려는 것 같은 느낌이 없지 않아 보인다. 물론 그런 관계가 아닐 때는 때로 좋은 느낌을 가질 수도 있으리라.

내가 생각하기에 나이 많은 사람을 부르는 가장 무난한 호칭은 '어르신'이다. 노인을 공경하는 의미도 함께 들어있는 것 같고, 살아온 인생에 대해 어쩐지 대접이라도 해 주는 것 같으면서 푸근하고 점잖은 느낌을 준다.

호칭은 아니지만 요즘 나이 많은 사람을 지칭하는 말로 경로(敬老)라는 말을 많이 한다.

전철을 탈 때는 65세 이상 노인은 경로우대권이라는 하얀 표를 가지고 탄다. 기차표를 살 때도 경로할인권을 받는다. '경로(敬老)'란 '노인을 공경한다'는 뜻이 들어있는데 도무지 경로하는 꼴을 못 본다. 오히려 노인임을 밝히면 싫어하고 짜증스럽게 대하는 수가 많다.

누가 나이를 먹고 싶어 먹었겠는가. 저들도 언젠가는 늙어갈 터인데. 오늘날 우리 국가를, 우리 사회를 이만큼이라도 살 수 있도록 한 사람들이 바로 지금 노인들이다. 그 사람들이 어렸을 적엔 일제의 수탈과 압제로 고생했고, 광복 후에는 먹을 것 입을 것이 없어 고생했고, 6.25를 겪었고, 5.16을 겪었고, 4.19를 직접 겪으면서 민주주의를 쟁취한, 그야말로 피나는 삶의 결과가 오늘과 같이 된 것이 아니겠는가.

또 요즘 노인들은 가정적으로나 사회적으로 급변하는 과도기에 살아온 사람들이다. 옛날에는 노인을 받들고, 또 받들던 사람이 노인이 되면 그만큼 대접도 받았다. 내 어릴 때는 할아버지 할머니가 가정에서는 가장 큰 대접을 받았다. 어려운 살림에 어쩌다 귀한 고기반찬이라도 생기면 응당 할아버지 할머니 상에만 올랐다. 그래서 할아버지 할머니 상 옆에서 그 상에 오르는 고기 한 점 얻어먹는 것을 좋아했다. 자주 그렇게 하면 아이들이 고깃상에 밭다고 아버지 어머니께서 꾸중을 하셨다. 그러나 지금은 그와 반대다. 아이들이 우선이다. 할아버지 할머니는 못 드려도 아이들은 챙겨 먹인다. 말하자면 옛날은 어른 중심이었다면 요즘은 아이들 중심이다. 그래서 지금 노인들은 한 번도 자기네 중심으로 대접 받아본 적이 없는 셈이다. 가족이나 사회나 급변하는 세태 속에서 과도기를 겪으면서 가장 손해 본 사람들이 지금의 노인이기 때문이다. 어떻게 생각하면 좀 억울한 생각도 든다.

길거리나 공짜로 탈 수 있는 전철 안이나 공원 등에는 노인이 넘쳐난다. 그런데 그들을 어른답게 대접하는 데는 별로 없다. 어떤 정치가는 '노인은 투표하지 않아도 된다'는 말을 했다가 곤욕을 치른 일도 있지 않은가.

무료 급식소에 한번 가보라. 가정에서 내몰린 노인들이 점심 한 그릇 얻어먹으려고 얼마나 많이 몰려오는지.

노령화 사회가 국가의 위기를 불러 온다던가 어쩐다던가? '노령화 사회'라는 말만 들어도 나도 거기 한 몫 끼인다는 생각을 하니 서글프기 그지없다. 그러한 말이 공론화되고 여론화되면서 노인들은 점점 멸시 당하고 소외당한다. 걸핏하면 '노인네가 뭘 안다고'이다. 그러니 투표 안 해도 된다는 말이 나오지 않는가.

노인들은 급변하는 선진 현대문명에 따라가지 못하는 것은 사실이지만, 말만이라도 좀 존경하는 뜻으로 불러 줬으면 좋겠다. 존경할 만한 사람은 존경을 바라지 않는다. 그렇게 보면 나도 존경 받기는 다 그른 것 같다.

견공犬公

오늘이 말복이란다. 말복만 지나면 견공들은 무사하리라는 농담이 나올 만하다. 그러나 보신탕을 즐기는 사람들이 어디 복날만 즐기겠는가? 견공들이여, 안심할 날은 없으리로다.

나는 개에 대한 안 좋은 추억들이 있다.

우선 어릴 때 마을에서 개 잡는 모습에서 그랬다. 요즘 보신탕집에서는 개를 어떻게 잡는지 잘 모르겠지만 옛날 내가 본 개 잡는 모습은 그야말로 엽기적이었다.

우선 단단한 긴 줄(주로 삼으로 꼰 지게꼬리)로 올갱이를 만들어 개의 목에 올갱이를 걸고 개를 슬슬 달래가면서 끌고 가서, 좁은 담구멍에다 줄을 밖으로 내 보내고, 그 줄을 밖에서 냅다 당기면 개는 목에 걸린 채로 담 안에서 구멍에 걸리어 깨갱거리며 발버둥친다. 그러면 안에서 괭이를 들고 있던 청년이 개의 머리를 사정없이 내리치면 개는 꼼짝 못하고 그 자리에 뻗는다. 개가 죽으면 이번에는 그 놈을 질질 끌고 가서 나무에 매달아 놓고 가죽을 벗긴다. 참으로 어릴 때 본 그 모습은 아직도 뇌리에 끔찍한 모습으로 남아 있다.

내가 어느 여고에 근무할 때다. 그 학교 뒷담장 넘어는 나지막한 산이었는데, 어느 날은 여학생들이 복도에 나와 뒷산을 바라보고 고함을 지르는 것이었다. 무엇인가 하고 내다 봤더니, 저만치 산에서 사람들이 개를 한 마리 잡아 나무에 달아놓고 가죽을 벗긴 듯, 시뻘건 물체가 나무에 대롱대롱 매달려 있었다. 이를 보고 감수성이 예민한 10대 여학생들이 질겁을 하는 것이었다. 어른인 내가 보기에도 끔찍하여 차마 볼 수 없어서 눈을 돌리고 말았다. 그 옆에는 자리를 펴고 사람들이 술판을 벌여 놓고 가마솥 하나도 걸려 있었던 것으로 기억한다. 아마 그들은 그 시뻘건 물체를 보고 개 침 흘리듯이 침을 흘리고 있었으리라.

같은 학교에 있을 때이다. 아침이 되면 마을의 개 몇 마리가 운동장가에 와서 놀기도 했는데, 하루는 개가 교미가 붙어 있는 것이 아닌가. 알다시피 개가 교미를 할 때는 엉덩이를 서로 붙이고 각각 반대 방향으로 보고 오랫동안 그대로 있다. 이 모습을 여학생들이 보고 웃고 야단이 나고, 교실에 있던 아이들도 내다보고는 깔깔거리고, 온 학교가 웃음바다가 된 적이 있다. 여학생들 보기에 민망해서 그것을 오래 보고 있을 수가 없었는데, 아이들은 뭐가 그리 좋은지 웃어대는 것이 아닌가. 나는 얼른 교무실로 들어가고 말았다.

그런데 한 번은 학교에서 개 때문에 소란이 일어난 적이 있다.

학교에 어떤 교사 써클이 있었는데, 주로 어느 교원단체에 가입한 사람들로 구성되어 있었다. 나는 거기에 관여하지 않아서 무엇을 하는지 모르지만, 주로 도서관 같은데 모여 독서 토론을 하거나 학교에 대한 불만 사항 같은 것도 이야기하였으므로, 학교 관리자들은 별로 좋아하는 집단은 아니었다. 그 써클에서는 회원들의 글을 모아 작은 팜프렛 같은 것을 만들어 교직원들에게 돌리기도 하고 학생들에게도 일부 돌린 것으로 기억한다. 그런데 거기에 발표된 어느 여교사의 글이 문제가 되었다. 지금 내용을 자세히는 모르겠으나, 학교에 아침에 출근할 때 교문을 들어서는 소감 같은 것을 기록한 것으로 짐작한다.

'아침에 교문에 들어서면 개새끼들이 교문을 지켜 서서 운운…'

아마 이와 비슷한 내용인 것으로 기억한다. 그런데 당시 학교에서는 학생부가 중심이 되어 교문에 학생부 선생님들이 서서 학생들의 복장 상태나 두발 등, 이른바 등교지도를 거의 매일 하곤 했다. 그러니 앞서 말한 여교사의 글 속에 '개새끼들이 교문을 지킨다'는 말을 두고, 이는 교문을 지키면서 등교지도를 하는 선생님을 두고 한 말이 아니냐는 것이 학생부 생각이고, 그렇지 않고 아침이면 실제로 개들이 교문 근처에서 놀지 않더냐 하는 것이 그 여교사의 주장이었다. 이래서 교무실에서는 글을 쓴 여교사와 학생부 선생님(주로 학생 주임) 사이에 큰 소리가 오가면서 대판 싸움이 벌어졌다. 그야말로 개판이 된 셈이다. 그 뒤 어떻게 되었는지 지금 잘 기억은 없지만, 아마 서로 오해를 풀고 화해를 했을 것으로 생각한다.

그 놈의 개가 말썽이었다. 그 당시엔 나도 교무실에 있었으니까, 교무실내의 반목과 갈등으로 비쳐져, 심각하게 생각한 것으로 기억되는데, 지금 생각하니 참으로 우스운 일이 아닌가?

사람들은 개를 좋아하여 옷을 만들어 입히는가 하면 껴안고 다니면서 입을 맞추는 꼴도 보았고, 한 편에서는 그 개를 보기만 하면 침을 삼키는 보신탕족들도 있는데, 아이러니컬하게도 사람들이 욕을 할 때는 꼭 이 견공을 들먹이게 된다. 개와 관련되는 우리 속담은 수 백 가지가 된다고 하는데 하나도 개를 좋게 표현한 것은 없다. 기껏 '개똥도 약에 쓸려면 없다' 정도가 가장 좋은 말이라고 한다. 따지고 보면 이 말도 그리 좋은 말은 되지 못한다.

그러나 우리의 전설 등에는 충견(忠犬)이나 의견(義犬)에 관한 것도 많고, 또 집을 지키는 등 그 효용성도 만만찮으니, 견공들이여, 명예 회복을 위해 머리에 붉은 띠를 두르고 앞발을 흔들어 투쟁할지어다.

풀지 못한 오해

K여고에 있을 때의 일이다.

나는 어쩌다 보니 그 해 교무 일을 맡게 되었다. 나는 통 그런 것을 좋아하지도 않을 뿐더러 체질에 맞지도 않았지만, 여러 선생님들의 추천으로 그렇게 된 것으로 본다. 원래 나는 좀 나태한 편이고 근본적으로는 어떤 일에 얽매이는 게 싫었다. 그것도 벼슬이라고 하고 싶은 사람도 많을 테니, 그 사람들에게 양보하는 것이 옳다고 생각해서, 다른 선생님을 적극 추천했는데 뜻대로 되지 않았다.

학년 초가 되어 학교 육성회가 열리는 날이었다. 나는 육성회의장에 갔다가 뜻밖에 옛날 제자를 만났다. 다른 K여고에 근무할 때 나를 꽤나 좋아하던 어느 제자와 잘 어울려 다니던 얌전한 여학생이 어엿한 학부모가 되어 육성회 참석차 왔던 것이다. 세월이 많이 흘러갔음을 실감케 했다.

딸 둘이 다 이 학교에 다닌다는 것이었다. 그러고 보면 삼모녀가 내 제자인 셈이다. 그 동안의 얘기를 대략 나누고 나는 교무실로 돌아왔다. 육성회를 마치고 찾아온 그 제자는 육성회 임원을 맡게 되었다면서 인사하고 갔다.

그 뒤 나는 그 제자의 딸 중 큰 아이가 마침 3학년이어서 입시 공부에 열중하는 중이고, 내 수업도 받고 있는 터라, 그 학생을 불러 공부하는 사정도 들어보고, 시험 성적이 나오면 성적도 챙겨 보기도 하고, 담임선생님께 그 아이에 대해 물어가면서 격려도 했다. 그것이 내가 옛날 제자에게 베푸는 정이라 생각했다.

어머니 제자는 학교 육성회 임원이었으므로 가끔 학교에 오면 꼭 나를 찾아주곤 했다. 퍽 고맙게 생각했다.

학년 말이 되었다. 그 아이는 어느 대학엔가 합격한 것으로 기억한다.

어수선한 학년말이 가까워 오면서 졸업식 준비에 바빴다. 졸업식에는 형식상 학부모 대표가 단상에 올라가 축사를 하게 된다. 대개 육성회장이 하게 되는데, 그때 육성회장이 무슨 사정이 있어 졸업식에 참석 못하게 된다고 연락이 오고, 부회장도 무슨 사정이 있었다.

그래서 나는 내 제자 학부모에게 졸업식 축사를 부탁했다. 물론 학생 아버지가 하겠지만. 전화로 부탁했더니 아이 아버지와 의논해 보겠다고 했다. 학부형 축사는 대개 교무에서 미리 작성하여 두었다가 졸업식에서 가지고 올라가서 읽기만 하면 되는 일이니 그리 어려운 일은 아니다.

며칠 후 연락이 오기를 사정이 있어 축사를 못하겠다고 했다. 졸업식 때 하나의 요식행위이기는 하나 졸업생들에게는 축하하는 것이지만, 학부모가 그 동안 수고해 주신 선생님께 대한 인사이기도 한 것이다. 여러 사람에게 부탁해 보았으나 다 거절당해서 그 해 졸업식에서는 학부모 대표의 축사나 인사도 없이 졸업식을 하고 말았다.

그런데 이상한 일이었다. 아이가 졸업을 하고 나면 응당 그 어머니 제자가 아이 제자를 데리고 와서 인사라도 하고 갈 줄 알았는데, 그냥 가버렸다. 육성회 일로 학교에 오면 꼭 교무실까지 찾아와 인사하고 가던 제자가 아닌가. 아무리 생각해도 이유를 몰랐다. 솔직히 말하면 좀 서운했다. 무언가 나에 대한 좋지 않은 감정이 있는 것 같았다. 그것이 무엇일까?

오랜 생각 끝에 내 나름대로 그 이유를 생각해 냈다. 물론 내 판단이 옳은지는 아직도 모르지만.

지금도 별로 다르지 않을 것으로 보지만, 사실 학교 육성회장이나 임원쯤 되면, 대개 그 반에서 좀 낫게 사는 사람이다. 그리고 상당한 기부금도 내는 것으로 안다. 우리 나라 사람들은 무슨 행사에서 앞에 한 번 나가면 영광으로 생각하여 응분의 댓가를 치르게 되는 일이 많다. 이 학부모도 그렇게 생각하여 부담을 느낀 것이 아닐까 생각했다. 그래서 축사를 거절했고, 따라서 축사를 부탁한 나는 그 제자 어머니에게 무엇을 바라고 부탁한 것으로 오해할 수도 있었을 것이다. 좀 더 추리한다면 내가 아이에게 보여준 관심은 무엇을 바라고 한 일 같기도 한 것이다.

어쩌면 그 제자는 아이가 초등학교 때부터 고등학교를 졸업할 때까지 12년 동안 학교나 담임에게 상당한 기부를 하느라고 시달렸을지도 모르고, 학교 선생을 좀 좋지 않게 보지 않았을까 하는 생각에 이르렀다. 그랬다면 그 제자가 나를 속으로 얼마나 형편없는 선생으로 보았을까. 졸업식을 준비하는 나로서는 순수한 마음으로 축사 좀 읽어 달라고 한 부탁이었는데, 나의 추측이 사실이라면 이 엄청난 오해를 어쩐단 말인가?

누구나 다 그러하겠지만 오해는 내가 살아가는 동안에 가장 억울한 일이다. 오해는 꼭 풀고 싶은 것이 인지상정(人之常情)이다. 그 당시에 아이의 전화번호가 학교에 남아 있고, 작은 아이가 1학년에 다니고 있었으니, '그럴 수 있느냐' 하고 따질 수도 있었으나, 지레 짐작한 나의 판단만 믿고 오해를 풀려고 하면, 오히려 더 속물처럼 보일테니 어쩔 도리 없이 억울하지만 오해를 짊어지고 사는 도리밖에 없었다.

오늘이 스승의 날이란다. 나는 현직에 있을 때부터 아이들에게 늘 하던 이야기였지만, 스승의 날이라고 날마다 만나는 선생 찾아 선물 주고 촌지를 건네고 하지 말고, 정말 생각이 있다면 옛날에 존경하던 선생님이 있었으면 안부 전화 한 통화 하든지, 감사의 편지 한 장이라도 써서 보내면, 아마 그 선생님은 무엇보다 훨씬 더 좋아하고 교직에 대한 보람을 가질 것이다.

현재의 선생님께 선물 주고 촌지 건네는 것은 따지고 보면 뇌물에 지나지 않는 것이다. 그래서 나온 여론이 스승의 날을 2월 말로 변경하자는 것이 아닌가.

참 우스운 일이다. 뭐가 잘못 되었는지 모르지만 2월말에 스승의 날 하자는 것도 따지고 보면 이제 사제관계가 끝났으니 별 볼일 없는 때로 정하자는 것이 아닌가. 물론 좋게 보면 1년 동안 선생이 수고했으니 그때 인사하는 것이 도리라고 생각할 수도 있으나, 그럴 의도일 가능성은 별로 없어 보인다. 왜냐하면 현재의 스승의 날에 촌지가 문제거리로 대두되면서 나온 여론이니 말이다.

그 이전에, 도대체 학교에서 왜 스승의 날 행사가 필요한지 모르겠다.

나는 스승과 선생은 다르다고 생각한다. 스승은 옛날 가르침을 준 선생님 중에서 존경을 받는 사람이다. 스승의 자격이 있어야 스승이다. 선생질했다고 다 스승이 되는 것은 아니다. 나는 선생질했지만 누구에게 스승 소리를 들으면 부끄럽다. 자격이 없기 때문이다. 행여 이런 나를 보고 입에 발린 말이라고 욕할 사람이 있을지 모르지만, 내가 나를 가장 잘 안다. 나는 열심히 가르쳤지만 아이들에게 존경 받을 만한 인물이 아님을 잘 안다. 선생이 좋은 감정을 가지고 학생을 잘 돌봐 줬다고 해도 그것은 개인적인 문제요, 은인은 될 수 있을지언정 스승은 아니다. 두루 존경 받을 수 있어야 스승이기 때문이다. 스승의 필수조건이 존경이다. 요즘 돼 먹지 못한 선생이 맨날 뉴스거리가 되고 있지 않는가. 어찌 그 사람들이 스승이란 말인가.

스승의 날을 기념하려면 그것은 학교에서 행할 일이 아니고, 사회적인 분위기로 만들어 가야 할 것이다. 학교에서 하려면 학생들로 하여금 옛날 선생님께 인사를 보낸다든지 편지를 쓰게 한다든지 전화를 걸게 하는 일일 것이다. 그리고 근본적으로는 학생은 아직 그럴 때도 아니다. 성인이 된 뒤에 그런 일을 하는 것이 뜻 깊은 일이다.

나의 제자 그 어머니, 제발 나의 판단이 잘못 되었기를 바라면서, 이젠 만날 수도 없지마는 꼭 한 번 만나 그때 오해를 풀고 싶다.

나도 나를 가르쳐 주신 여러 선생님들의 제자로서, 여러 선생님 중 지금은 돌아가시고 안 계시는, 옛날 초등학교 때 한 분 선생님이 지금 매우 그립다. 언젠가 나에게 방과 후에 막걸리 심부름을 시키시던 그 선생님, 한 번만 더 그 때처럼 막걸리 주전자 들고 양조장에 가서 막걸리 받아와 한 잔 올리고 싶다.

제 3 부

추억으로 가는 길
할아버지 산소 가는 길
산길
해운대 엘레지
막걸리 한 사발
암각화
암자로 가는 눈길
봄눈

추억으로 가는 길

내 고향은 경상북도 의성군 비안면 현산리다.

현산 마을은 큰 소쿠리같이 생긴 골짜기에 그리 넓지 않은 들판을 중간에 두고, 양쪽 산자락에 몇 집씩 띄엄띄엄 취락을 이루고 있다. 아홉 개 작은 마을들이 합쳐져 한 큰 마을을 이루었다. 아홉 개 마을은 절텃골, 웃마(윗마을), 국골, 도화동, 하동, 새터, 도일국, 솔뱅이, 대재비(새동네) 등이다. 이 마을들은 서너 집에서 스무 남은 집이 되는 곳도 있다. 그 중 내가 살던 마을은 국골이었고, 내가 스물 다섯 살 때 새터로 나와 살았다. 국골은 작은 골짜기로 열 세 집이 산줄기 아래 옹기종기 붙어 있었고 새터는 열 집이 있었다. 마을 사람들은 서로가 한 집같이 집안 사정이나 사연들을 환하게 알고 있었다. 뉘 집 쌀독에 쌀이 얼마 있는지, 숟가락이 몇 개인지도 알 수 있을 정도였다.

많은 사람들은 고향 자랑을 할 때, 그 마을의 산수라든지 인물을 이야기하는데, 우리 마을은 빼어난 산수도 없고 뛰어난 인물도 나지 않았으니 자랑할 만한 것이 없다. 그래도 눈만 감으면 그 소박한 산과 작은 마을들이 마음 속에 자리한다.

이 마을들이 언제 생겼는지 어떤 역사를 겪었는지, 또 우리 선조님께선 언제부터 이 마을에 와서 살았는지 잘 모른다. 옛날 사람들이 '현산(現山)' 이란 마을 이름 대신 '선꼴' 로 부르던 것을 생각하니, 우리 고유 이름으로는 '선꼴' 이 아니었을까 생각한다.

'선꼴' 은 '선골' 을 소리 나는 대로 발음하는 것이리라. '선골' 의 '골' 은 '골짜기' 라는 뜻일 테고 '선' 은 '설다(낯이 설다)' 의 관형사형이 아닌가 생각한다. 그렇게 보면 '낯설은 골짜기' 라는 뜻일 테고 한자말인 '현산' 은 '새로 나타난 산(골짜기)' 이란 말이니 서로 통하는 데가 있는 것 같다.

요즘 도시에서 자라는 아이들은 고향이 없다. 자기가 태어나서 자란 도시의 그 골목이나 번화한 거리를 두고 고향이라 하기엔, 고향이란 말이 주는 이미지와는 너무 거리가 멀다.

시골을 고향으로 둔 사람들은 누구나 고향에 대한 아름다운 추억들을 가지고 있다. 그런 사람들은 고향을 잊지 못하고 산다.

또 고향을 떠나 봐야 고향에 대한 그리움을 안다. 북쪽이 고향이라서 고향이 그리워도 가지 못하는 사람들의 그 한을 보라. 수구초심(首丘初心)이라 하지 않았는가. 짐승도 그러한데 하물며 사람이야 말해 무엇하랴.

나도 고향에서 떠나온 지 수십 년, 아니 고향에서 보낸 세월보다 타향에서 보낸 세월이 더 많다. 그러나 고향에 가고 싶으면 요즘은 내 차로 세 시간만 하면 갈 수 있는 곳이지만 늘 고향이 그립다. 지금은 거기 손바닥만한 땅 한 자락도 없지만 내 어릴 때의 추억이 있고, 영혼이 있고, 뿌리가 있어서일 것이다.

그러나 고향이라고 해서 마냥 좋은 추억만 있는 것은 아니다. 고향에는 가난이 있었고 서러움이 있었고 한이 묻어 있는 곳이기도 하다.

내가 부산에 와서 처음 셋방을 전전하다가 내 집이라고 조그만 집을 하나 사게 되니, 우리 부모님께선 기다렸다는 듯이 단번에 고향집이며 얼마 안되는 논밭을 깡그리 팔아 버리고, 심지어는 공동묘지에 묻힌 당신 어머님 산소까지 파서 불살라 버리고는 부산으로 오셨다. 요즘 생각하니 얼마 안되는 논밭이라도 또 그 시골집이라도 거기 두고 오셨더라면 하는 아쉬움이 남는다. 이렇게 고향을 지우고 싶으셨던 우리 아버지께서도 떠나온 지 1년도 안되어 고향 가신다고 다녀오신 적이 있다.

나도 마찬가지다. 지지리도 못 살던 시절의 기억이며, 일제의 수탈, 슬픈 가족사, 서럽던 보릿고개의 가난, 이런 일들을 생각하면 고향이 좋은 기억만 있는 것은 아니지만, 그래서 더욱 그 곳이 그리운지도 모를 일이다.

어떨 때는 문득 그 슬픈 추억의 고향에 가고 싶을 때가 있다. 딱히 어떤 목적이 있어 가는 고향이 아닐 바에야 고향 가는 일은 여유를 가지고 갈 일이다.

고향까지 고속도로가 잘 나 있지만 나는 영천까지만 고속도로를 타고 영천에서는 국도를 이용한다. 영천을 지나 더 여유 있으면 은혜사도 둘러보고 신녕고개를 넘으면서 휴게소에서 커피도 한 잔 뽑아 마시고, 일연국사가 삼국유사를 저술했다는 군위 고로면 인각사도 둘러보고 간다. 군위군 우보에는 고등학교 때의 친구가 있어 점심도 얻어먹고, 때로는 내가 다니던 의성의 모교 고등학교 담벼락이라도 보고 여유만만하게 고향을 간다. 군위 의성 땅만 들어서면 곳곳에 추억이 묻어 있어, 가다가 차를 세우고 내려 감회에 젖기도 한다. 가는 곳곳마다 강이 굽이 돌아 나가면, 그것이 우리 고향마을 앞을 지나는 위천의 상류가 됨을 되새기면서, 의성군 도리원만 가면 고향냄새가 물씬 풍긴다. 도리원 오일장은 우리 아버지께서 다니시던 닷새마다 서는 시골장이다. 장이 서는 날은 시골장도 한 바퀴 돌면서 옛날을 떠올리며 그 시골장터 풍경도 본다.

아버지께서는 도리원장에 가셔서 소를 팔아 허리에 돈을 감고도, 점심값이 아까워 점심을 굶고 오신 적이 있다. 그러면서도 한 번도 날 보고 돈 아껴 쓰라는 말씀은 하지 않으셨다. 아버지께서 점심 굶고 다니시던 도리원장에 가면, 나는 넉넉한 마음으로 마늘도 사고 고추도 사고, 때로는 장터 국밥집에서 국밥도 한 그릇 사 먹는다. 의성 마늘이 유명하다는 것은 객지에 나와서야 알았다. 나는 이 근처만 가면 촌놈이 되어 사투리가 튀어나온다.

"이 마늘 한 접에 얼마이껴?"

"한 접에 만 이천원일시더."

"내 멀리서 왔는데 좀 싸게 하시더."

"안되니이더."

말 붙이고 싶어 하는 소리다.

고향마을 사람들은 거의 낯선 사람들이다. 그래도 그들이 어쩐지 다정하게 느껴진다. 어쩌다 나이 좀 든 사람이라야 알아보곤 한다.

그 마을엔 여든이 넘은 숙모님이 혼자 사신다. 그 허술한 집에 가서 이마에 주름살이 골짜기처럼 패인 숙모님께 밥 한 끼 얻어먹는 것이 그럴 수 없이 좋다. 특별한 반찬이 있을 턱이 없지만 숙모님이 차려주는 그 밥이 왜 그리 맛이 있는지.

내가 돌아오려고 하면 숙모님께선 감이며 호박이며 콩이며 꾸러미 꾸러미 차에 실어 주신다. 언제부턴가 숙모님은 나를 보면 굵은 눈물을 흘리시면서 어머니 안부를 물으시고 북더기 같은 손등으로 눈물을 훔치셨다. 자식 셋을 앞세우신 숙모님 방 벽엔 손자 손녀들 사진만 살아온 인생처럼 주렁주렁 걸어 두셨다. 거기엔 먼저 간 자식들 사진은 하나도 없다. 언제나 하시는 말씀은 왜 죽지 않느냐는 것이다.

나는 내가 살던 국골마을을 가보고 어릴 때 뛰어놀던 뒷재에 몇 백년 묵은 느티나무는 없어졌지만, 느티나무가 있던 반석 위에 서서 어릴 때를 회상해 본다. 뒷재를 걸어보기도 하고, 여름이면 멱 감고 겨울이면 얼음 지치던 못에도 가본다. 어쩌다 나이 많으신 어른을 만나 눈물 같은 해후를 가지기도 한다. 저 안 골짜기에 너댓 살 때 간 내 동생 애총도 있을 테고, 먼저 간 내 불알친구도 묻혀 있을 것이려니 하고 온다. 그 골짜기를 하루 만에 다 둘러볼 수는 없으나 언젠가는 그 곳도 등산 삼아 가 보고 싶다.

고향은 즐거운 마음으로 가지만 항상 가슴 어딘가엔 눈물을 감추고 간다. 추억의 발자국을 밟을 때마다 눈물 고인 발자국이 된다.

손주 바람

겨울바람이
문풍지를 흔들어대던 시절
할매 옛 이바구에
무서움으로
할매 품을 파고 들고
할매 이바구 뚝 끊어지고
호롱불이 파닥이면
더욱더 무서워
할매 늘어진 젖꼭지 잡고
응석으로 울었지

지금은 전선줄을 울리고 온
낯선 겨울바람이
내 유리창을 흔드는데
저 바람은
문풍지를 울리던 바람의
손주 바람인가

고향 골짜구니 할매 무덤가에서
할매 이바구 듣고 와서
손주에게 들려 주려는가

오늘은 무서우면
누구 품을 파고 들고

—나의 시집 『잡목으로 서서』 중에서

나는 자식들에게 유언을 했다. 내 죽거든 마을 앞 낙동강의 지류인 위천에 내 유골을 흘려 보내라고. 그러면 너희들이 내 생각나거든 낙동강 어디서나 내 영혼은 흐를 것이니, 거기서 강을 바라보라고. 그 강물은 남해 바다로 드니 바닷가 어디서나 서서 바다를 바라보라고.

할아버지 산소 가는 길

며칠 전 할아버지 기일이 지나가고 나니 고향 가고 싶은 생각이 문득문득 들었다. 그렇지 않아도 할아버지 할머니 산소도 가 봐야 하지만, 무엇보다 이 5월에 고향은 어떠한지 궁금했다. 옛날처럼 마을 사람들이 못줄 넘겨 가면서 함께 모내기하는 것은 아니겠지만 고향 사람들이 일하는 그 들판이 그리웠다. 이맘때가 되면 골짜기엔 뻐꾸기 울음소리도 들릴 테고…

9시에 집을 나섰다.

고속도로를 따라 의성까지 갈 수 있으나, 가며오며 농촌 들녘의 풍경과 푸른 산천도 보고 싶어, 영천에서 고속도로를 버리고 국도로 접어들었다. 내가 고향 갈 때면 자주 이용하는 도로다. 영천 시가지만 벗어나면 그야말로 한가한 농촌 신작로다.

안동 의성 이정표를 따라 28번 국도를 따라가다가 은해사 안내표지판을 보고 당리에서 좌회전하여 8km쯤 가면 은해사다. 몇 십년 전엔가 가본 기억이 있지만 이 길을 다녀도 늘 고향길이 바빠서 그 이후에 여기 들러 보지 못했다. 오늘은 여유로우니 그 은해사를 찾아 들어갔다. 일주문 앞 주차장에 주차해 놓고 '八公山銀海寺(팔공산은해사)'라고 초서로 쓴 일주문을 들어섰다. 일주문 안 진입로 양쪽에는 정정한 소나무가 늘어섰다.

은해사는 경북 영천시 청통면 치일리에 위치한 사찰로, 신라 41대 헌덕왕의 원찰로 헌덕왕 즉위 원년(809년)에 창건되었다고 한다. 헌덕왕이 조카 애장왕을 폐위시키고 왕위에 올랐으므로, 그 참회와 그때 숨진 원혼을 위로하고 동시에 나라와 백성들의 안녕을 위하여 창건했다고 한다. 원래 이름은 해안사(海眼寺)로, 여기서 조금 더 올라가면 운부암이 있는데 그 근처에 운부평이 옛 절터였다고 한다.

해안사는 조선 인종(仁宗) 원년(1545년)에 대화재로 다 타버렸는데, 인종의 태실을 수호하는 사찰이었으므로, 그 이듬해 나라에서 하사한 보조금으로 천교화상(天敎和尙)이 지금의 자리로 옮겨 중창하고 이름을 은해사라 했다고 한다. 팔공산(八公山)은 아미타부처님의 도량으로 불, 보살, 나한의 불보(佛寶)들이 계신 모습은 마치 은빛 바다가 물결치는 듯 찬란하고, 웅장한 그대로의 극락정토이므로 붙여진 이름이며 '운해(雲海)'라고도 한단다.

문화재로는 대웅전 아미타삼존불, 후불탱화, 괘불, 신장탱화, 금고(쇠북) 등이 있고, 특히 대웅전(大雄殿), 보화루(寶華樓), 불광(佛光)의 현판은 조선시대 명필 추사(秋史) 김정희(金正喜)의 친필이라 한다.

은해사는 경산의 제석사, 군위 인각사 등 40여개의 사찰을 말사로, 그리고 백련암, 거조암등 7개의 산내 암자를 거느리고 있는 대찰이다.

절 앞에 가로 지른 은해교 다리 앞에 서니, '大小人下馬碑(대소인하마비)'라 새긴 비석이 하나 있었다. 굳이 '大小人'이라 명명한 뜻을 새기면서 보화루(寶華樓) 아래를 지나 중정(中庭)에 올라서니 설법하는 소리가 마이크를 통해 들려 왔다. 마당에 오래 묵은 향나무가 몸을 비틀며 서 있었고 대웅전 문이 활짝 열려 있었다.

돌아 나오다가 마당 한쪽에 있는 감로수를 한 모금 마시고 골짜기를 쳐다보니 범종루 높은 누각 위로 팔공산이 하늘에 닿아 푸르다.

은해사 긴 담장을 끼고 계곡의 물소리 들으며 나오니 극락교라는 다리가 있었다. 이름이 극락교이니 이 다리를 건너는 사람은 극락에 간다는 뜻일 테고, 그러고 보면 나는 틀림없이 극락에 가지 않을까 하는 터무니없는 생각을 하며, 소나무에 담쟁이덩굴이 파랗게 감긴 것을 보고 일주문을 나섰다.

차는 다시 28번 국도로 들어 신녕을 지나 신녕고개로 향했다. 신녕서 부계 쪽으로 가다가 왼쪽으로 접어들면 제2석굴암으로 가는 길이 있으나, 오늘은 거기까지 갈 여가가 없다. 신녕고개로 알려진 갑령에 올라서면 '쉴터'라는 휴게소가 하나 있는데, 이 길을 지날 때면 언제나 쉬어가는 곳이다. 커피 한 잔을 뽑아 들고 남쪽 화산을 바라본다.

갑령을 넘어서면 꼬불꼬불한 길을 내려가 군위군 고로면

뾰족한 옥녀봉을 보다가, 금방 화수리 집실이란 곳에서 우회전하여 5km쯤 가면 고려 때 일연스님이 삼국유사를 집필했다는 절 인각사가 있다.

인각사(麟角寺)는 군위군 고로면 화북리에 위치한 사찰로 절이라기보다는 절터라 함이 옳다. 따라서 인각사라기보다 인각사지라 함이 더 타당하다. 절로서의 형태를 갖춘 것도 아니고 지금은 그저 절터와 몇 개의 건물이 서 있을 뿐이다. 1992년에야 이 주위 1만 3302㎡의 면적을 사적 제374호로 지정하고 현재 중창을 서두르고 있다. 현재 경내에는 보물 제428호인 보각국사정조지탑(普覺國師靜照之塔)과 비와 부도 3기, 보각국사비각과 국사전 등 몇 개의 건물이 흩어져 있을 뿐이다. 또 동쪽 60m 지점에 좌불을 모셨던 미륵당이 현존하는 것을 봐서 애초에 규모가 큰 가람이었을 것으로 추정된다. 마당 한 쪽에 근래 파낸 것으로 보이는 주춧돌을 늘어놓은 것으로 봐서 곧 중창이 시작되지 않을까 짐작된다.

절이랄 것도 없는 이 곳 바로 앞이 도로이고, 그 앞 산에 바위 벼랑이 있는데 이곳을 학소대라 한단다. 학소대 바로 앞 강이 위천(渭川)인데, 여기서 흘러 북쪽으로 돌고돌아 간 것이 우리 고향마을 앞강이 된 것이다. 어디선가 낙동강의 지류인 위천의 발원지가 인각사로 되어 있는 것을 보았는데, 인각사 앞 강은 다시 남쪽 어디선가 흘러오는 것을 봐서 위천의 발원지는 더 남쪽으로 가야 할 것 같다. 북쪽으로 흐르는 강은 좀 드문 일일 것이다. 이 강은 다시 북쪽으로 흘러 상주 물양리 근처에서 낙동강과 만나게 된다.

인각사 앞 도로 건너편 나지막한 기와집 빈집이 하나 있는데, 찔레꽃으로 온통 덮이고 지붕만 조금 보일 뿐이었다. 그 근처에 이르니 찔레꽃 향기가 시원한 바람과 함께 안기어 온다.

인각사를 나와 고향 가는 길로 계속 달린다. 점심 때가 되어 어디 가서 맛있는 의성 칼국수나 한 그릇 먹었으면 좋겠는데 적당한 곳이 없었다. 우보에서 군위 쪽으로 달린다. 군위를 지나 도리원에 이르면 의성군이다. 도리원 시가지를 돌며 칼국수집을 찾았으나 그럴 만한 곳이 없었다. 시간은 오후 두시가 지났다.

바로 고향마을로 갔다. 고향 가까이 와서 점심을 사 먹기보다는 숙모님께 가서 식은 밥이라도 차려 달래서 먹는 것이 숙모를 기쁘게 하는 일일 것 같아서 참고 갔다.

식은 밥 달라는 말에 숙모님은 아주 기뻐하시면서 금방 국수를 끓여, 식은밥과 함께 내 와서 맛있게 먹었다. 죽은 자식 이야기만 나오면 손수건부터 꺼내시는 숙모님, 이런 세상이라도 오래오래 건강하게 사소서.

숙모님과 작별인사를 하고 나오다가 마을에 모내기하는 것을 보고 차를 세웠더니, 나이 든 농부는 나를 알아보고 인사를 했다. 내 막내 동생뻘쯤 되는 마을 사람이다. 안부를 서로 묻고 어머니 연세가 90이라니 그의 어머니 연세는 96세이시란다. 좋은 곳에 사니 장수하시는 것인가. 형편이 되면 나도 여기 와서 살고 싶지만 여의치 못하니 안타깝다. 그토록 장수하고 싶은 생각은 없지만.

내가 어릴 때 뛰어놀던 큰골 못의 못둑과 그 안으로 내가 누비던 산은 시퍼런 나무가 울창하여 사람이 들어갈 수도 없을 듯하다. 5월 뻐꾸기 소리 예와 같은데, 들에는 사람들도 별로 보이지 않는다. 들판 무논에 황새 몇 마리가 유유히 서서 옛 풍경을 연출한다.

산자락에 있던 우리 밭이던 곳은 사슴목장이 되어 길손을 유혹하고, 작은 길이던 마을 진입로는 차가 들어가는 포장길로 바뀌었다.

마을 앞 강 위천 가에 차를 세우고 넓어진 강을 바라본다. 새로 쌓은 강둑엔 자운영 꽃이 지천으로 피어있다.

할아버지 산소로 가는 길에 내가 다니던 초등학교가 있다. 비안국민학교였다. 내가 36회 졸업생이니 아마 이 학교 역사는 100년쯤 되리라. 그런데 지금은 폐교 상태인데다가 훨씬 뒤에 생긴 다른 이웃학교의 분교로 교문에 새겨져 있다. 그렇게 높게 솟은 듯하던 뒷산 목단봉은 난장이가 되었다. 다만 앞강은 옛날보다 넓어진 듯.

가게에서 소주 한 병을 사 들고 할아버지 할머니 산소를 찾아간다. 옛날 같으면 걸어서 가야 하는 길을 지금은 차로 할아버지 산소 앞에까지 갈 수 있다.

할아버지 산소 가는 길에 찔레꽃이 흐드러지게 피어있다. 할아버지 산소는 띠가 거의 없어져 안타깝다. 내년 봄엔 손을 좀 봐야 할까 보다. 할머니 산소엔 잡풀과 가시나무가 올라오고 있어, 가지고 간 낫과 톱으로 근처 나무를 자르고 풀을 대강 베어냈다.

언제나 떠나는 길은 아쉽다. 이 먼 곳에 할아버지 할머니를 두고 내 집 찾아가는 백발의 손자를 보고 할아버지 할머니는 무슨 말을 하실까? 간다고 인사를 해도 말씀 한 마디 없으시다. 뻐꾸기 울음소리에 이름 모를 새의 지저귐이 5월 산골에 무슨 교향악을 연주하는듯 할 뿐이다.

산길

산길을 가다가 겨울 낙엽이 융단처럼 깔리고, 벌거벗은 나무가 마치 낙엽을 밟고 선 것처럼 그 위에 서 있는, 그런 곳을 보면 나는 울고 싶어진다. 나도 나무처럼 그 자리에서 있고 싶어진다. 아니 발목이 아프도록 그 길을 걷고 싶어진다. 벌거벗은 나무를 안고 비비대고 싶어진다.

오늘은 꼭 그런 곳을 찾아가려고 작정하고 산에 갔다. 사실은 도시 근교 산이란, 사람들이 하도 많이 다녀서 등산길은 대로가 되어 있고, 공휴일이나 주말이면 그런 산길은 마치 시장바닥 같다. 그러니 한적하고 적막한 산길을 찾기란 쉽지 않다. 더구나 낙엽을 밟으며 낙엽 밟는 소리를 들으며, 조용히 걸을 수 있는 길은 찾기 힘든다. 그러나 그 산을 잘 알면 근교 산에도 마음먹기에 따라 그런 곳은 얼마든지 있다.

금정산은 동서남북 문이나 고당봉만 있는 곳이 아니다. 금정산엔 산성이나 산성을 따라 난 능선길이나 범어사만 있는 것이 아니다. 호젓한 길을 찾아 나서 보라.

계곡 따라 길 없는 길을 간다. 나뭇가지 밑으로 기어서도 가고, 가시 넝쿨에 찔리기도 하며 간다. 때로는 평탄한 편안한 길도 만난다. 발목까지 빠지는 낙엽을 밟으며 계곡 따라 가다보면 고사목도 있고, 태풍에 쓰러진 나무도 비스듬히 누워 내 갈 길을 막기도 하지만, 내가 타넘어 가거나 둘러가거나 몸을 숙여 밑으로 빠지는 것까지 막지는 않는다. 오르막을 오를 때나 내려올 때, 잡은 나무가 힘없는 썩은 가지일 때도 있으니 주의할 일이다. 나뭇가지 사이를 지나면 내 몸에 닿은 삭정이가 힘없이 꺾이어 떨어지는 것을 보고, 나는 살아 있음에 대하여 괜히 우쭐대고 싶어진다. 삭정이 부러지는 소리에 쾌감을 느낀다. 길 없는 길을 가노라면 산이 좀처럼 길을 내어 주지 않지만, 헤매다 보면 어느새 산은 나의 수고를 알아차리고 내 앞에 길을 내어 놓는다. 거듭 말하거니와 이것도 근교에 있는 잘 아는 산이라야 하는 것이니 괜히 낯설은 큰 산에 들어 만용을 부릴 일은 아니다.

낙엽길

어미 손 놓고 떨어져 누워
부서지고 썩어 흙이 되기를 기다린다
아직은 몸 비비대며 내 발길마다 울어주는 것은
세월을 놓지 못하고 바둥대는

나의 아픈 가슴 어루만져 주려는 마음일 터
붉은 함성으로 흔들던 너를 보고
참 아름답고 멋지구나 생각했었지
너는 한 계절이요 나는 한 평생인데
이 길 걸으며 너를 생각하는 아쉬움은
내 세월이 참 길면서도 허무하다는 것
천 년을 산들 더 살고 싶지 않겠냐마는
계절의 진리 앞에 순응하는 미덕
나도 떠날 때는 그렇게 떠나리

—미발표시

봄에 떡잎으로 나와, 봄 여름 거치는 동안 나뭇잎이 어떻게 변해 가는지 자세히 관찰해 보았는가? 녹색의 농도가 수십 번, 아니 수 백 번 달라진다. 단풍이 들기 시작하면서도 떨어지기까지 그 붉기의 농도가 또한 날마다 달라지고, 떨어져 누운 나뭇잎도 깊어가는 겨울 따라 색깔이 달라지다가 드디어 썩어 가고, 새로운 세대가 자리를 차지한다. 불과 몇 달 전만 해도 붉은 단풍으로 아름다움을 보이던 그 나뭇잎, 어느새 저렇게 떨어져 그 나무 밑에 깔려 스스로 썩기를 기다리는 낙엽, 나뭇잎의 한 생은 기껏 1년도 안된다.

낙엽은 내 발목 잡고 울고, 나무는 팔 벌려 안아 달라고 칭얼댄다. 바위는 듬성듬성 앉아 때로는 위용을 부리고, 때로는 애교를 부리며 나를 즐겁게 한다.

"천년을 산들 더 살고 싶지 않겠냐마는
계절의 진리 앞에 순응하는 미덕
나도 떠날 때는 그렇게 떠나리"

그렇다. 제발 나로 하여금 생에 너무 집착하지 않게 되기를 바라고, 갈 때는 미련 없이 갈 수 있는 마음이 되었으면 한다. 또 살아 있을 때 그러했던 것처럼, 죽은 후에도 화려한 봉분 만들어 놓고 석물 깎아 세우고, 자식들 줄줄이 찾아오기를 기다리는 허영 같은 것 나에게는 없었으면 한다.

해운대 엘레지

집을 나섰다. 탈출하고 싶은 것이다. 해운대로 나갔다. 가까이 가는 길이 있으나 일부러 도시고속도로를 타고 대연동으로 빠져 광안대교에 차를 올렸다. 바다 위를 차가 달린다는 생각을 하며 해운대 동백섬을 한 바퀴 돌아 나오려고 했는데, 동백섬에는 차량을 통제하고 있었다. APEC 정상회담 관계로 경계가 삼엄한 것 같았다. 돌아 나와서 해운대 해수욕장 근처 주차장에 주차시켜 놓고 해수욕장으로 나갔다.

며칠 전까지만 해도 발을 들여놓을 틈도 없이 빽빽했을 인파가 말끔히 사라진 백사장, 그 텅 빈 백사장을 보고 싶어 여기 왔다. 빈 백사장을 바다가 핥고 있을 뿐, 갈매기도 날지 않았다. 날씨가 이렇게 더워도 가을이란 이름이 사람을 다 몰아내었는가 싶다.

40여년 전 내가 부산에 처음 왔을 때 해운대에 와 보고 내가 부산에 온 것은 참으로 다행한 일이라 생각했다. 그 넓은 백사장에다 저 바다가 있어 행복하다고 생각했었다. 촌놈인 내가 바다를 본 것은 부산에 와서 처음이었으니 얼마나 바다를 동경했겠는가. 수평선이란 것을 처음 눈으로 보게 되었고, 저렇게 넓은 것은 생전 처음 보는 것이기 때문이었다. 아, 저 바다를 어떻게 안을까? 그래서 몇 년 동안은 부지런히 바다를 찾았다. 그런데 언제부턴가 부산의 해수욕장은 여름이면 모래알보다 많은 사람이 찾아들게 되니, 나는 피하는 수밖에 없었다.

내가 부산에 왔을 때는 이 해운대 백사장이 지금보다 몇 배 더 넓었다. 시내에서 버스를 타고 해운대 시가지에 내려 그리 복잡하지 않은 길을 걸어서 이 백사장에 온 것으로 기억한다.

한번은 친구가 멀리서 찾아와서 이곳 백사장에 왔다. 백사장 파라솔 밑에서 나는 그 친구에게 다이야맥주를 사줬다. 그때는 지금처럼 맥주가 흔한 때가 아니었고, 또 맥주값이 매우 비쌌던 것으로 기억한다. 그런데 다이야맥주는 일반 맥주보다는 등급이 낮고 값도 훨씬 쌌다. 그래서 진짜 맥주를 마실 만한 형편이 못되었던 것 같다. 그때도 소주는 있었지만 소주보다는 맥주가 또 한 등급 위라고 생각해서, 맥주 마시는 흉내를 내보려고 그랬던 것 아닌가 생각된다. 그래서 요즘도 그때 그 친구를 만나면 다이야맥주 사 준 이야기를 해서 나를 부끄럽게 만들곤 한다.

부산에 온 지 2년째 되던 핸가, 나는 한겨울에 결혼을 했다. 부산시내 예식장에서 결혼을 하고 신혼여행이라고 해운대에 왔다. 아무것도 가진 것 없이 맨주먹으로 결혼한 나는, 멀리 여행을 간다는 것은 상상도 못했다. 아마 그때도 신혼여행은 제주도로 많이 갔었던 것 같은데, 그럴 형편이 아니었다. 여기 해운대 여관에서 이틀인가 자고는 고향에 가서 우리 집에서 마을 사람들을 불러 놓고 잔치를 해야 했다. 지금도 그 여관이 있던 자리를 나는 기억한다. 여관 치고는 좀 괜찮은 여관이었다. 내가 그때까지 한 번도 가보지 못한 좀 고급스런 여관이었다. 거기서 설레는 첫날밤을 보내고 우리는 백사장으로 나왔다. 찬바람 부는 한겨울이니 백사장엔 사람이라곤 없었다. 그때 백사장을 거닐며 아내와 손을 잡았는지는 기억나지 않는다. 아마 평생 아내와 손잡고 걸어본 기억이 없는 것으로 봐서 그때도 손을 못 잡고 파도가 기어오르는 그 백사장을 거닐었을 것 같다.

동백섬 바위 틈에서 그곳 사진사에게 사진을 찍은 기억은 생생하다. 아마 그때 내가 처음으로 내 손을 아내 어께 위로 올려 아내를 감싸 안은 것 같다. 아마 그것이 처음이며 마지막일 것이다. 그것도 사진사의 강요에 의해서. 그때 그 사진이 아직 있는지는 찾아 봐야 알겠지만 그 뒤에도 어쩌다 그 사진만 보면, 나도 쑥스럽고 아내도 쑥스러워 해서 그 사진을 감추기만 했다. 그래도 그것을 찢어버리지 않은 것은 그것이 추억이기 때문이리라.

그 뒤에도 해운대에는 자주 오는 편이었다. 때로는 학생들을 데리고 소풍을 오기도 하고, 사생대회를 저 동백섬 일대에서 열기도 했다. 또 바다가 보고 싶을 때에도 오곤 했다. 부산 사람 치고 해운대에서의 추억 한 두 가지 없는 사람이 어디 있으랴.

참 많은 세월이 흘렀다. 반세기에 몇 년 모자라는 세월이 아닌가? 그 사이 주변 환경은 말할 것도 없이 변했고, 무엇보다 저 백사장이 내 머리털보다 더 큰 비율로 줄었고, 그 옛날의 정취를 맛볼 수 없는 것이 한없이 서운하다. 백사장이 저렇게 줄어드는 것은 백사장 주위의 개발 때문이라고 한다.

해운대에서 송정 넘어가는 달맞이길은 산길이었다. 그 산은 지금은 시멘트 집들로 덮여서 산이란 느낌은 전혀 없다.

쓸쓸한 내 인생처럼 해운대는 늙어간다. 아니 사라져간다. 최고운 선생이 달을 읊조리던 동백섬, 대한팔경으로 손꼽히던 해운대 달맞이는 이젠 거대한 인간속진(人間俗塵)이 되고 말았으니, 옛날 그 정취를 어디 가서 찾는단 말인가? 「해운대 엘레지」가 들려오던 낭만의 해운대, 추억의 해운대는 더 이상 해운대가 아니다.

해운대에서

여름이 성큼성큼 해수욕장을 걸어 나가고 있다
바다가 그 끝자락을 잡고 울고 있다
그 숱한 몸부림도
그 숱한 흔적도 사라져 가는 자리
그 백사장을 핥으며 바다가 울고 있다
바다도 세월을 잡지는 못하는가 보다
그러나 바다는 안다

몇 달 후면 가을과도 또 겨울과도
이별의 울음을 울 것이란 것을
저 바다는 몇 번이나
이별의 울음을 울었을까
눈물 때문에 바닷물은
영겁에도 마르지 않고
그래서 바닷물은 눈물 맛인가 보다

—미발표시

막걸리 한 사발

어제 그제 연이틀 산에 올라서 오늘은 좀 쉬어야겠다는 생각으로 집에 있으려니, 이렇게 좋은 가을 날씨가 아깝다는 생각이 들어, 앉아 있을 수가 없었다. 물병 하나 달랑 배낭에 넣고 집을 나섰다. 그저께는 고당봉에, 어제는 제4망루 쪽에 갔었다. 오늘은 산성 마을에서 파류봉 쪽을 택했다.

호젓한 산길을 홀로 오르는 재미가 그만이었다. 물소리가 사뭇 나를 따라왔다. 가을산 어디가 좋지 않으랴마는 금정산은 어느 구석을 가도 좋다. 다만 사람이 적게 다니는 곳을 찾아 다니는 나로서는 한적한 곳만 찾아 다닌다. 얼마쯤 올라가면 넓지는 않지만 억새밭이 나온다. 여기 억새밭은 보통 억새밭과 달리 내 키보다 훨씬 큰 억새에, 돋아난 억새꽃도 아주 커서 귀족 억새라고나 할까. 등산길을 온통 억새로 덮어 옆에서도 길을 분간하기 힘들 정도였다. 한 시간 반쯤 걸려서 파류봉에 올랐다.

우리 집 거실에서 비스듬히 보면 파류봉이 보이곤 한다. 거실에서 멀리 쳐다보던 파류봉을 오늘은 파류봉에서 내 아파트를 본다. '워이' 하고 소리쳐 봐도 응답이 없고, 손을 흔들어 봐도 응답이 없다. 허기야 여기 선 조그만 속물 하나를 집에서 어찌 볼 수 있으랴. 속물, 그것도 청산에 왔으니 산으로만 보이겠지.

먹을 것을 아무것도 가지고 가지 않았는데, 배가 고파 온다. 파류봉과 얼마 안 되는 거리에 상계봉이 있지만, 오늘은 그 쪽은 좀 참아야 했다. 배가 고프기 때문이다. 남문 쪽에 가면 라면집이라도 있으려니 해서 서둘러 내려왔다. 남문 가까이 오니 등산길 옆에 국수 파는 곳이 있었다. 여기 저기 나무 밑에 놓인 의자와 깔아 놓은 돗자리에 등산객들이 모여 앉아 술도 마시고 점심 요기도 했다. 나도 의자에 앉아 칼국수 한 그릇을 시켜 놓고 무료하게 앉아 있으니 막걸리 생각이 간절했다.

살어리 살아리랏다 청산(靑山)에 살어리랏다
멀위랑 다래랑 먹고 청산(靑山)에 살어리랏다
얄리얄리 얄랑셩 얄라리 얄라

가다니 배브른 도긔 설진 강수를 비조라
조롱곳 누로기 매와 잡사와니 내 엇디하리잇고
얄리얄리 얄라셩 얄라리 얄라

고려 속요 「청산별곡(靑山別曲)」 첫연과 끝연(8연)이다. 본래 의미와는 좀 다를지 모르지만, 이 청산에 와서 배가 불룩한 술독에 농도 진한 술이 있고, 그 술독이 내 눈치 보고 있으니 내 어찌 한 잔 안할 수 있으랴. 막걸리 한 사발부터 시켜 마셨다. 배가 고프던 차에 막걸리 한 사발은 그야말로 신선주였다. 단숨에 들이키고 칼국수를 먹었다.

그런데 이게 웬 일이냐. 금세 몸은 노곤하게 풀어지면서 술기운이 올랐다. 어째 막걸리 사발이 좀 크다 싶었다. 산을 더 걸으려고 했는데 그만 두고 말았다. 밤새도록 술을 마시던 젊은 날도 있었으나, 이젠 막걸리 한 사발에 술이 취한다.

〈전략〉
온 세상을 절망으로 범람하는 황사바람
그래도 나는 언제나 펄럭거리고 있었네
이제는 이마 위로 탄식처럼 깊어지는 주름살
한 사발 막걸리에도 휘청거리는 내리막
어허, 아무리 생각해도 알 수가 없네
별로 기대할 추억조차 없는 나날 속에서
올해도 속절없이 봄은 떠나가는데
무슨 이유로 아직도 나는
밤새도록 혼자 펄럭거리고 있는지를

—이외수의 시 「봄밤의 회상」 중에서

그렇구나. 막걸리 한 사발에도 휘청거리는 내리막이구나. 그러나 이렇게 나도 펄럭거리는 것은 무슨 연유인고?

적당한 술기운에 가을산을 걷는 기분, 산이 온통 나를 위해 저렇게 물들어 가고 있는 것만 같다. 막걸리 한 사발의 펄럭거림이여!

암각화

갑자기 암각화를 보고 싶었다. 원시시대의 삶이 그리웠던가 보다. 언양에서 고속도로를 벗어나 경주로 가는 국도를 따라가다가 '반구대암각화' 안내판을 보고 따라 들어갔다. 얼마 안 가서 반구대가 나타난다.

거북의 모양으로 생겨 반구대(盤龜臺)라 했다는, 그 바위 봉우리가 아직도 옛날처럼 우뚝 서서 나를 반긴다. 오래 전에 여기 몇 번 와 본 곳이지만 그 때는 여름이어서 이곳 댐에 물이 가득 담겨 있었는데, 오늘은 물이 다 빠져 강물이 흐를 뿐이다. 반구대에서 1km쯤 들어가면 암각화가 있고, 가는 길에 새로 만든 나무다리를 하나 건너니 공룡발자국화석 안내판이 있어, 가 보았으나 문외한인 내 눈에는 뭐가 공룡발자국인지 잘 분간이 안 갔다.

거기서 500m를 들어가면 바위에 새긴 그림이 있다. 10여 년 전 여기 왔을 때는 대곡천의 물이 줄어 얼음이 얼어 있는 얕은 물을 신발을 벗고 얼음을 밟으며 암반 앞까지 가서 눈으로 하나하나 볼 수 있었으나, 지금은 암각화 앞에 강물도 깊고 출입을 금하고 있는 것 같아 건너가지 못했다. 다만 강 이쪽에서 건너편 바위벽을 물끄러미 보다가 오는 수밖에 없었다. 참으로 허망한 관찰이었다.

반구대 암각화는 울산시 울주군 언양읍 대곡리 산234-1번지에 위치한 바위에 새긴 그림으로, 선사시대 유물이라 한다. 국보 제285호로 지정되어 있다. 설명문에 의하면 암벽 경사면(10m×3m)에 290여점의 물상들이 새겨져 있다고 한다. 강바닥보다 높은 암반에 새겨져 있어 물에 잠기지 않았으나, 사연댐이 건설되면서 댐에 물이 고이면 암각화도 물에 잠기게 되어 안타까운 현실이다. 겨울엔 그래도 바위가 드러난다.

당국에서 사정이 허락한다면 암벽 앞까지 시멘트 다리 같은 것을 만들어 더 가까이서 육안으로 볼 수 있도록 했으면 하는 생각이 든다. 물론 그림을 보호하기 위해서는 너무 가까이는 가지 않도록 시설을 만들면 되는 것이다. 게다가 여름이면 물에 잠기게 되는 것도 기술적으로 물에 잠기지 않게 하는 방법은 없을까 하는 생각도 들었다.

거기 새겨진 그림으로는 인물상, 동물상, 배 같은 물상들인데, 인물상은 탈을 쓴 것으로 보이는 무당, 사냥꾼, 어부 등이고, 동물상은 사슴, 호랑이, 멧돼지, 토끼, 여우 등 산짐승과 고래 등이 새겨져 있다. 호랑이나 고래는 새끼를 배거나 데리고 다니는 모습에 작살을 맞은 고래의 모습도 있다고 한다. 정체불명의 동물들도 여럿 있다. 그 외 물상들로는 배와 그물 같은 것과 사냥 도구들이다.

새겨진 시기는 대략 신석기시대 후기에서 청동기시대이고,

이 그림은 그 시대 이 지방 사람들이 풍요와 다산을 기원해서 만든 일종의 원시종교적인 미술이라 한다.

내 여기 오고 싶었던 것도 그 원시시대 모습이 그리웠던 탓이었는데, 현대기계문명의 이기 속에 살아가노라면 가끔은 그런 생활이 그리울 때가 있는 것이다. 이 가면적인 옷을 훌훌 벗어던지고 가랑잎 엮어 걸치고, 그 그림 어디쯤 끼이고 싶은 충동이다.

반구대 암각화

반구대 암각화는 세월을 헤아릴 필요가 없다
산야에서 뛰어 다니다가
바닷속을 헤엄치다가
이 바위에 와 영원을 살기 시작한 선사시대
짐승을 뒤쫓던 사냥꾼도
고래를 잡던 어부도
짐승 따라 고래 따라 여기까지 왔다가
함께 영원을 산다
사냥꾼도 어부도 새끼 밴 어미를 잡지 못해
천만년을 보고만 있다
영겁을 숨 쉬며 살아가리니
나도 나뭇잎 하나 가리고
저 바위에 가서 붙었으면 좋겠다

세월이야 가든지 말든지

—미발표시

댐에 물이 고여 있었다면 물로 차 있을 댐 바닥을 걸어나온다. 억새와 같은 풀들이 무성하게 우거져 겨울 매마른 바람에 일렁인다. 그 검불 사이를 걸어나오는데 갑자기 검불 속에서 꿩이 한 마리 후닥닥 날아간다. 깜짝 놀랐다. 한 마리가 나니 여러 수십 마리가 날아서 건너편 산으로 갔다. 검불 속에서 달콤한 사랑이라도 나누었을 텐데 내 발걸음이 그것을 방해한 것 같아 미안한 생각이 들었다. 꿩이 이렇게 많이 있는 것을 봐서 이곳은 아직 개발의 손길이 미치지 않음인가?

반구대를 나와 천전리 각석을 찾아갔다. 여기는 처음이다. 경주 가는 국도를 1km쯤 더 따라가다가 안내판을 보고 찾아 들어간다. 반구대 앞으로 흐르는 대곡천 상류가 천전리다.

천전리 각석은 울산시 울주군 두동면 천전리 대곡천 가에 있다. 반구대 암각화는 '암각화'라 하는데 여기는 왜 '각석'이라 하는지는 잘 모르겠다. 그러나 여기는 그림과 글도 들어있어 그렇게 부르는 것이 아닌가 생각된다.

천전리 각석에는 크게 기하학무늬, 동물상, 인물상, 기타 다른 그림과 글이 새겨져 있다. 그림은 상부와 하부로 나눌 수 있는데, 상부에는 기하무늬, 동물상, 인물상이 있다. 반인반수(半人半獸)의 그림도 있어 여기서도 반구대 암각화와 같이 원시 종교의식이 들어 있는 것이리라.

하부에는 기마행렬, 배의 항해 모습, 용, 말 등이 새겨져 있고 300여 글자가 새겨져 있어 삼국시대와 통일신라시대의 유물 흔적을 보인다. 이는 상부와 하부가 시대를 달리함을 알 수 있으니, 오랜 세월을 두고 이루어진 것으로 추측한다.

암벽은 강보다 조금 높은 곳에 위치해 있고 암벽이 앞으로 15도 정도 숙여 있어 비바람에 크게 손상 받지 않도록 되어 있다.

각석 건너편은 넓은 바위가 있어 여기도 공룡의 발자국이 있다. 맑은 강물이 산그림자를 안고 흘러간다. 흘러가다가 반구대에 가서 암각화를 또 담고 가리라.

이곳은 풍광이 좋아서 신라시대는 화랑들이 수련하던 곳이라 한다. 오랜 세월을 뛰어넘어 선사시대나 신라시대 우리 선조들이 영혼을 담아둔 곳, 여기 와서 내 마음 한 자락 두고 떠남이 무슨 소용이랴만, 나는 그때의 숨소리 바람소리 가슴에 담고 돌아간다. 그리고 문명의 이기가 지루해지면 또 찾으리라.

암자로 가는 눈길

며칠 전에 눈이 와서 양지쪽은 다 녹아내리고 있지만, 응달에는 아직 눈이 묻어 있다.

눈에 갇혀 고립된 마을에서야 눈이 몸서리나겠지만, 부산에서야 눈 구경하기가 쉽지 않으니, 아직도 금정산을 쳐다보면 눈이 묻어 있는 정경이 여간 고맙지가 않다. 부산에서는 퍽 희귀한 일이고 또 겨울 정취를 느낄 수 있어 좋기만 하다.

이틀 전에는 눈 덮인 산을 본다고 멀리 경북에 있는 친구가, 그 곳에는 눈이 오지 않았다면서 등산 차림으로 내려와, 범어사 길로 산에 오르려고 했으나 워낙 산이 미끄러워 오르지 못했다. 그 대신 범어사까지 걸어 올라가 범어사 경내의 구석구석을 돌면서 눈을 밟아 보는 것으로 만족해야 했다.

오늘은 혼자 산에 올랐다. 산성마을에서 북문으로 가다가 눈 있을 만한 곳을 생각한 것이 원효암 뒷길이었다. 원효암 뒷길을 아는 사람은 그리 많지 않다.

과연 거기는 아직 눈이 그대로 있었다. 사람 몇이 지나간 발자국은 있었으나, 발목까지 빠지는 호젓한 눈길을 따라 원효암으로 갔다. 자주 다니던 산길이지만 눈에 덮이고 보니 새삼 낯선 길 같았다. 가끔은 짐승의 발자국도 보이는 그 길, 촘촘한 산죽밭에 용케도 눈은 그 대나무를 비집고 뿌리에 앉았고, 나무들은 온통 하얀 솜을 발에 감고 있는 듯, 가끔은 미끄러지면서 갔지만 그리 험한 길이 아니라서 좋기만 했다. 원효암까지의 거리가 좀 짧은 것이 불만스럽긴 하나, 부산에서 이만한 정취를 맛볼 수 있다는 것은 참으로 행운이란 생각이 들었다.

양지 바른 곳에 자리한 원효암, 찌그러져 가는 무량수각(無量數閣)은 위태로운 느낌마저 들지만 귀퉁이에 보조 기둥을 세워 받히고 있다. 눈은 사방에 묻어 있었다. 사진 몇 장을 찍었다.

무량수각 툇마루에 보살님 두 분이 따스한 햇볕을 즐기고 있었다. 승복은 입었으되 스님은 아닌 모양이다. 아마 이 절 신도인 듯이 보였다. 한 사람은 처녀인 듯하고 다른 한 사람은 할머니였다.

아가씨 보살이 할머니 보살 앞에서 몸을 세워 발레를 하는 것처럼 발끝으로 서서 어리광을 부리는 모습이 참 귀여웠다.

아가씨 보살과 할머니 보살의 대화.

'할머니 고드름 따 드릴까요?'

무량수각 처마에 고드름이 몇 개 달려 있었다. 이것도 이 지방에선 보기 드문 일이니 아가씨 보살이 그냥 두지 못하겠다는 듯이 말했다.

'고드름은 따다 무엇하게'

'발을 엮지요.'

'발은 엮어 무엇하게.'

'내 방에 걸어 주세요, 할머니.'

그래 놓고 하하 웃었다. 어쩌면 할머니와 손녀인지도 모르겠다는 생각이 들었으나 물어볼 수가 없었다. 절집에서 남자가 여자에게 말을 거는 것이 어찌 쓸데없는 관심을 보이는 것 같았기 때문이었다. 아가씨 보살이 시집이라도 가고 싶었던 것일까 하고 생각했다.

고드름 고드름 수정 고드름
고드름 따다가 발을 엮어서
각시방 영창에 달아 놓아요.

원효암을 나와 가까이 있는 의상대 바위 밑, 바람 덜 부는 곳에 앉아, 가지고 간 과자를 꺼내 먹으면서 며칠 전에 눈 보러 왔던 친구한테 자랑하려고 전화를 했으나 받지 않아 그만 두었다. 멀리 있는 또 한 사람에게도 전화를 할까 말까 망설이다가 실례될 것 같아 그만 두었다.

찬바람이 한 줄기 불어와 외로운 가슴을 파고들었다.

갔던 길을 되짚어 오다가, 중간에서 사람이 아무도 다니지 않은 길을 택하여 기어올랐다. 쌓인 낙엽 위에 쌓인 눈, 짐승의 발자국과 새 발자국이 가끔 보일 뿐, 아무도 밟지 않은 눈 덮인 산등성이를 허우적대며 기어올랐다. 발이 푹푹 빠지면서 등줄기엔 땀이 배어났다.

북문에 올라서니 낙동강 차가운 바람이 정신 차리라고 가슴을 때린다.

봄눈

며칠 전에 내린 눈이 아직도 남아 있으려니, 내 그 산길을 찾아 나섰다.

삼일 전 강원도에 대설주의보가 내렸다고 싸 짊어지고 나선 친구가, 저녁 무렵 양양 낙산사 의상대라고 전화가 왔었다. 그의 표현대로라면 우습도 않다는 것이었다. 그가 아주 좋을 때 흔히 쓰는 표현이다. 눈을 유달리 좋아하는 그가, 눈이 펄펄 날리는 바닷가 의상대에 앉았다는 말을 듣고, 바다와 잘 어우른 산 밑 의상대에 앉은 반백의 한 나그네 모습이 처연하게 그려졌었다. 그날 저녁 여기는 봄비가 추적거렸다.

이튿날 아침 거실 커튼을 여는 순간, 아! 나는 탄성을 지르고 말았다. 앞산이 눈으로 덮여 백색의 세상을 연출하고 있었기 때문이었다. 경이로워라! 날이 푹한 것을 봐서 저 눈, 오늘 중으로 다 녹아내릴 것이려니 생각하니 마음이 급했다. 서둘러 아침을 먹고 산으로 갔다.

산에는 온통 은세계였다. 나뭇가지에도 숲 속에도 바위에도 길에도 온통 백색의 이 미묘한 물체가 덮고 있었다. 하늘이 연출한 예술이었다. 고당봉 머리엔 안개가 띠를 두르고 있었으나 하늘인지 안개인지, 아니면 눈인지 분간이 안 갔다.

아무도 밟지 않은 눈길을 정신없이 걸었다. 습기가 많은 봄눈이라 가느다란 나뭇가지에도 솔잎에도 아슬아슬하게 붙어서 떨어지지 않았다. 그러다가 나무 밑을 걸을 때 한 뭉치씩 툭 떨어져 등이며 어깨를 사정없이 내리치기도 해서 정신이 번쩍 들었다.

며칠 전에 보아 둔 산수유 꽃망울이 어떤 모습으로 있을까 궁금했다. 암자 가는 길섶에, 그러나 얼른 보아서는 잘 보이지 않는 위치에 선 산수유를 찾아갔다. 거기도 눈은 어김없이 와 있었다. 산수유가 꽃망울 터뜨릴 준비를 하다가 눈을 만났다. 눈은 얄밉게도 꽃망울에도 붙어 있었다. 꽃망울이 눈을 만나 입을 옹다물었다.

전화로 아내를 불러내어 눈구경하라고 했다. 산성마을에서 만나 음식점에 들어가 소주 한 병을 나 혼자 다 비워 버리고 술에 잔뜩 취해 내려왔다. 그러나 마을은 그 두어 시간 사이에 눈은 다 녹아버리고 누더기 같은 흉물스런 모습을 드러내고 엎드렸다. 너무나 짧은 생명이여!

봄눈

봄눈이 세상을 하얗게 덮고 있다
봄눈길 따라 걷고 있다
봄눈이 녹아내리고 있다
올해의 마지막이 될 눈이 아까워
아무도 밟지 않은 봄눈 덮인 산길을 하염없이 걷고 있다
눈이 녹지 않으려 마지막 안간힘을 쓰는 소리가 발 밑에서 들린다

산길 돌아 내려오니 마을엔 이미 다 녹아내리고
마을은 다시 누더기 되어 추한 모습으로 남았다

언젠가 내 인생에도 눈이 와서 아름다운 세월이 있었으리
한 줄기 햇살에 봄눈이 하염없이 녹아내리듯이
한 줄기 세월에 나의 눈은 또 하염없이 녹아내렸으리
나의 눈도 녹지 않으려 안간힘 썼지만 봄눈처럼 그렇게 녹아내리고
이젠 누더기 같은 인생만 남았는가

봄눈 녹은 자리에 풀싹은 돋고 꽃은 피려니
나의 눈이 녹은 자리엔 언제 새싹이 돋고 꽃이 피려나

—미발표시

그 3일 뒤인 오늘, 과연 내가 가는 길엔 아무도 밟지 않은 눈이 그대로 남아 있었다.

눈길을 걷다 보니 가끔 사람이 밟았던 곳은 발자국만큼 녹아 있었다. 사람의 발길이 이리도 독한 것인가. 모든 것이 그러하리니, 자연은 오래 가되 사람이 손을 댄 것은 오래 가지 못한다.

사람들은 큰 길로만 다닐 줄 알지, 이 눈길은 잘 모른다. 낙엽 위에 내린 눈, 낙엽에 빠져 눈에 빠져 가며 헤매다가, 원효암 앞 의상대에 앉아 점심을 먹고 친구에게 전화했다. 양양 의상대만 의상대더냐, 여기도 눈길 열고 온 의상대는 있다. 설악산 오색 성국사에 가서 아침 댓바람부터 전화질을 해대고, 지금 꼭 하고 싶은 말 한 마디는, 여기서 이대로 죽고 싶다는 말이라 했다. 그 눈 며칠 후면 다 없어질 테니 거기서 죽지 말고 죽을려거든 집에 가서 죽으라 했지. 그는 강원도 눈에 지쳤던가, 집에 처박혀 있었다.

의상대에서 건너다보이는 엄지바위 산비알에도 눈은 반백의 내 머리처럼 희끗이 묻어 있다. 골짜기를 따라 또 다리가 아프도록 눈길 걷다가 내려온 길은 질퍽이는 속세 길이었다.

제 4 부

백수의 봄바람 · 1

백수의 봄바람 · 2

불일폭포 가는 길

천왕을 향하여

지리산 발자락

달 두 번 보고 팔땡이 잡고

선운사에 내리는 눈

자동차도 가슴을 떨고

백수의 봄바람 · 1

4월 12일 아홉 시에 집을 나섰다.

차를 운전하여 도로를 달리다가 휴게소에 들러 커피 한 잔 사먹는 재미를 나는 매우 좋아한다. 진양휴게소, 남강휴게소, 산청휴게소 등 짧은 거리지만 휴게소마다 들러서 아내의 고향인 경남 함양으로 갔다. 아내의 고향이니 당연히 내 처갓곳이기도 하다.

장인 장모님 산소를 우선 들러야 했다. 장인 장모님 산소를 가자면 함양 상림 숲을 지나야 한다.

상림은 신라 진성여왕 때 고운(孤雲) 최치원(崔致遠)선생이 이곳 함양 태수로 부임해서 당시에 상림 옆으로 흐르는 위천이 함양읍 중간을 가로 질러 흐르고 있어, 홍수가 나면 감당 못하는 일이 자주 발생하였기 때문에 강 물길을 현재와 같이 돌리고, 제방을 쌓아 그 옆에 숲을 조성하여 홍수를 막음으로 생긴 숲이다. 처음엔 상림 하림이 있었다고 하나 지금은 하림 쪽은 주택가로 변하고 상림만 남아 있다.

1,6km의 길이에 폭 80~200m나 되고 넓이가 21ha나 되

는 곳에 거목의 숲이 우거져 있다. 숲 옆으로 지리산 계곡에서 내려온 맑은 물이 위천이 되었다. 그러고 보니 내 고향마을 앞 강도 위천이니, 아내나 나나 위천 가에 살았다는 생각이 든다.

옛날 강바닥에는 큼지막한 돌들이 여기 저기 놓여 있어 그 돌 사이를 맑은 물이 흘러갔으나, 어느 땐가 와 보니, 강바닥에 돌을 말끔히 걷어 강둑을 쌓아 버려 여간 상심하지 않았다. 홍수예방을 위해 그리했다는 것이다. 우리 무식한 고을 원님의 수준이 이 정도다. 고운 선생이 숲을 심어 가꾸던 일과 얼마나 비교 되느냐? 처음 장가들어 여기 와서, 위천 바닥의 돌들을 뛰어넘으며, 때론 바윗돌에 앉아보기도 하고, 흐르는 물소리를 듣던 생각이 아직도 생생한데 이 무슨 변고란 말인가.

숲 옆 차도에는 바야흐로 벚꽃이 활짝 피어 있고, 숲은 봄 풍경을 연출하느라 각종 나무들이 파란 싹을 내밀기 시작했다. 숲 중간을 흘러가는 작은 개울은 어린 아이 옹아리 같은 소리를 내며 흐른다.

여기 당연히 최고운 선생을 기리는 비석과 사운정(思雲亭)이라는 정자가 있다. 입구에는 운동장이 있고 운동장 가에 함화루(咸化樓)라는 누각이 있어 함양읍민들의 휴식공간이 된다. 옛날에는 이곳 선비들이 여기서 술을 즐기고 시를 지었으리라.

장인 장모님 산소는 함양읍 병곡면 망월산에 있다. 소주 한 병 달랑 들고 가서 절을 올렸다. 장인 장모님이 '김서방, 왜 이리 오는 길이 늦은고? 김서방도 머리가 많이 세었

네' 하시는 것만 같았다. 산소 주위에는 진달래가 흐드러지게 피어 있었다. 여섯 사위 중 맏사위라 그리도 끔찍이 사랑해 주시던 장인 장모님.

내려오다 점심을 때우고 팔팔고속도로 함양IC로 차를 올려 얼마 가지 않아 거창으로 빠졌다. 봉산교 다리 부근에서 합천호가 시작 되는 듯, 물길이 점점 넓어져 갔다. 원래 내가 속으로 생각한 여행 목적지가 이곳 합천호였다. 지도를 들여다 보다가 합천호를 발견했고, 그 옆에 '백리벚꽃길'이 있음을 보고 갑자기 마음이 발동한 것이다.

벚꽃이 드문드문 길가에 나타나기 시작하더니, 갈수록 벚꽃은 많아지고 꽃도 더욱 화사했다. 처음 강인 듯하던 물은 차츰 호수의 조짐을 보였다. 드디어 호수물이 나타나고 곧 새터관광지를 지나 벚꽃은 화사하다기보다 차라리 눈이 시리다. 도로 왼쪽은 호수의 푸른 물, 오른쪽 산비탈엔 붉은 진달래, 길 양편으로 벚꽃이 하얀 장막을 드리웠는데, 중간중간에 벚꽃 나무 밑에 개나리가 또 노랗게 줄을 지어 앉아 헤픈 웃음 날린다. 호수 건너편을 보니 거기도 벚꽃이 줄을 이루고 있으니 저기가 길이구나 하고 생각했다.

새터관광지가 있는 봉산(김봉리)을 지나 봉계리, 고삼리, 양지리, 술곡리, 역평리를 지나면서 경남문화재자료 103호인 사의정(四宜亭)과 경남문화재자료 105호인 은진 송씨 고가(古家)도 지난다. 조금 더 가면 유전천 유전교 근처에는 이곳 수몰지구 주민들을 이주시킨 곳인 듯 이주단지가 있다. 유전(柳田)이란 '버들밭'이란 뜻으로 이곳을 버들밭이라 부르기도 한다. 곧 이어 황매산 군립공원으로 들어가는 길이 있다. 그쪽으로 하금계곡으로 가는 길이라고 하나 갈 길이 바쁜 나그네의 발길이 거기까지 미치지 못했다. 회양관광단지 호숫가에 황경루를 보다가 오른쪽으로 고개 돌리니 멀리 기암괴석의 산이 높이 솟아 있었는데 악견산이란다. 대병에서 또 삼거리가 있는데, 오른쪽 길을 택하면 기암괴석으로 이루어져 있다는 모산재가 있고, 신라시대 절이 있었다는 영암사지의 사적들이 있다고 하나 지나치기로 했다. 애초에 계획이 '백리 벚꽃길'이었기에 그 길만 따라갔다.

악견산 바로 밑으로 길을 따라가노라니 전망대 휴게소가 호숫가에 높다랗게 서 있었다. 드디어 거대한 호수를 가둬놓은 둑이 나온다. 전망대휴게소에 올라가 호수를 바라보니 저 멀리 어느 구석에서 나온 조그만 배 한 척이 쏜살같이 호수를 가로질러 달려가는데, 마치 넓은 하늘에 작은 비행기가 흰 연기 뱉으며 가는 듯, 호수 중간에는 준설선인 듯한 배가 미동도 하지 않고 떠있다. 고요하고 넓은 호수, 질주하는 배, 멈춰 있는 배, 이렇게 질주와 멈춤, 정중동(靜中動)의 조화미를 보는 것이다. 회양관광단지에는 유람선 선착장도 있다고 하니 배를 타고 즐길 수도 있는 것 같다. 호수의 물결은 일지 않고 멀리 호수를 둘러싼 벚꽃길은 여기서도 완연하다. 호수를 돌며 그어진 벚꽃 흰 선이 바로 내가 지나온 길이다. 둑 바로 옆에 아득히 높은 '합천다목적댐준공기념탑'이 하늘을 찌른다.

호수를 뒤로 하고 조금 내려오니 임란창의충혼각(壬亂倡義忠魂閣)과 기념비가 있었다. 둑 아래쪽에는 무학대사사적비

와 바위가 있었으니, 무학대사의 출생지가 이곳 어디인 것으로 보인다.

용문정이라는 정자를 지나 조정지댐 근처에 차를 세웠다. 봄바람이 술렁 불어왔다. 벚꽃잎이 눈처럼 나부낀다. 잠시 바람을 쐬고 운전대에 오르니 벚꽃잎 몇 개가 신발에 묻어 왔는지, 아니면 차문을 열어놓은 사이에 날아들었는지 발밑 깔판에 들어와 차가 출발하기를 기다렸다. 아마 나와 함께 여행하려나 보다. 가련하고 여린 꽃잎, 세상 본 지 며칠 되었다고 그새 이렇게 진단 말인가.

조정지댐에서 나와 합천쪽으로 차를 몰았다. 벚꽃길은 아직도 계속되었다. 합천시에 가까이 가서야 끝이 나는 듯했으나, 요즘 우리나라 어디를 가면 벚꽃 없는 곳 있으랴. '백리벚꽃길'이라 했으나 대략 계산하여도 한 50km가 되는 것 같으니 백 리가 넘는 셈이다.

왼쪽으로 계곡을 끼고 가야산 골짜기로 차는 파고드는데, 계곡이 갈수록 심상찮다. 여러 번 와 본 곳이건만 좋은 곳은 보아도 보아도 자꾸만 좋다. 그 계곡을 내려다보면서 운전하느라 정신이 없었다. 그런가 하면 벚꽃은 가는 곳마다 길 양편에 서서 화사한 나부(裸婦)의 자태가 되어 사람을 유혹하는 것만 같다. 그러나 미안하게도 이젠 벚꽃이 눈이 시리고, 성장(盛粧)한 작부(酌婦)를 만난 듯 천하게 느껴진다. 꼭 벚꽃이 아닌 사꾸라를 보는 듯, 기분이 영 달라졌다. 참 내 심사도 온당치 않다. 언제는 좋다고 찾아 다니다가 겨우 하루 몇 시간 계속 봤다고 싫증내다니.

드디어 가야산 해인사 매표소 앞에 섰다. 주차비가 4,000

원이란다. 무슨 주차비가 이렇게 비싸냐니까 그 대신 며칠 묵어도 된다는 것이다. 이유 치고는 가당찮다.

'伽倻山海印寺(가야산해인사)'란 큰 산문 안으로 들어갔다. 옛날 묵었던 여관을 찾았더니 휴업상태였다. 다시 진주장여관으로 가서 짐을 풀고 저녁을 먹었다. 저녁 8시가 넘어 있었다.

넓은 여관방에 혼자 있자니 외로움이 밀려왔다. 방을 나와 서쪽 가야산을 보니 초나흘 눈썹달이 나뭇가지에 한 개의 바나나같이 열려 있다. 눈썹달은 눈웃음으로 유혹했으나 내 어찌 너를 잡는 재주가 있단 말인가.

동네를 한 바퀴 돌다가 캔맥주 두 개를 사들고 여관방에 와서 혼자 홀짝거렸지만 영 취하지 않았다. 오늘 밤은 아쉬운 대로 이렇게 보내는 수밖에. 잠자리에 드니 눈썹달 미인이 살며시 와 가슴에 파고든다.

밤새 기침하며 잠을 설치다가 늦게 잠들어, 아침 7시가 넘어 잠을 깼다. 대략 세수를 하고 아침도 먹지 않은 채 여관을 나섰다.

해인사 입구 박물관 주차장에 차를 세우고 절로 걸어 올라갔다. 계곡의 물소리가 더욱 시끄러운데, 산뜻한 가야산 아침 공기를 마시며 해인사에 들었다. 가나 오나 절집은 말이 없다.

6.25 때 해인사 팔만대장경을 지키는데 공이 있었던 것으로 보이는 '김영환장군팔만대장경수호공적비'를 보고 참 거룩한 일을 했구나, 문(文)을 아는 무인(武人)이구나 하고

생가하면서, 느티나무와 고사목들, 자운대율사 사리탑비, 퇴옹당성철대종사사리탑비 등을 보고 올라갔다.

성철대종사의 사리탑비는 조성한지 얼마 안 되는 듯. 말끔히 단장한 모습에 높은 탑 대신 낮은 돌로 조성한 것은 마음에 들었으나, 그 넓고 화려한 모습이 평소에 누더기를 손수 기워 입고 사셨다는 스님이고 보면 너무 맞지 않는 듯. '산은 산이요 물은 물이로다'라는 법어를 나 같은 중생으로서는 아직도 알 듯 말 듯하니 참 어리석기도 해라. 일주문 앞에 이르니 '영지(影池)'라는 물웅덩이가 있고 그 옆 돌비석에 '影池'라고 쓴 초서체가 일품인 듯.

가락국 김수로왕은 허황후와의 사이에 10남 2녀가 있었다 한다. 허황후는 본래 인도 아유타국 공주로 김해에 와서 수로왕과 혼인을 하게 되었다. 첫째 아들은 수로왕을 이어 왕위에 오르고 둘째 석왕자 셋째 명왕자는 허황후를 따라 김해 허씨의 시조가 되었다. 나머지 일곱 아들은 허황후의 오라버니 장유화상의 수행력에 감동하여 부처님에 귀의하고, 발심출가하여 이곳 가야산 칠불봉에서 수행하는지라, 허황후가 그 아들들이 걱정이 되기도 하고, 보고 싶기도 하여 이곳을 찾아왔으나 만날 수가 없었다. 그래서 이 영지에 와서 그들의 그림자가 물 속에 비치어 그 그림자만 보다가 돌아갔다고 한다. 그래서 생긴 이름이 영지(影池)요 칠불봉(七佛峰)이 되었다는 전설이다.

이러한 이야기는 지리산 칠불사(七佛寺)에도 있다. 칠불사에도 영지가 있고, 그 위의 봉우리를 반야봉(般若峰)이라 했고 칠불사는 이들이 성불하여 세운 절이라 칠불사라 한다.

영지를 지나 일주문을 들어가니, 여기 오면 누구나 만날 수 있는, 지금은 둥치만 남아있는 큰 고사목 하나가 있다. 이 고사목은 이 절 창건 기념식수라고 전한다. 해인사는 우리나라 삼보사찰(三寶寺刹)의 하나요, 호국사찰(護國寺刹)이기도 하다. 삼보사찰이란 불보사찰(佛寶寺刹)인 영축산 통도사와 법보사찰(法寶寺刹)인 가야산 해인사, 승보사찰(僧寶寺刹)인 조계산 송광사를 말한다. 법보사찰이라 함은 여기 팔만대장경판(八萬大藏經板)이 보관되어 있기 때문이다.

신라 40대 애장왕 3년(802년)에 의상대사의 법손인 순응화상(順應和尙)과 그 제자인 이정화상(理貞和尙)이 애장왕과 그 왕후의 도움으로 지금의 대적광전(大寂光殿) 자리에 절을 지었다고 한다. 애장왕은 왕후의 난치병을 낫게 해준 보답으로 창건에 도움을 주고 기념으로 이 느티나무를 심게 하였다 하니, 지금으로부터 1200년 전 일이다. 이 나무가 언제 죽었는지 알 수 없으나 죽은 후에도 정정한 모습에 이끼 창연(蒼然)하여 오히려 살아있는 것보다 더 싱싱해 보인다. 그 옆에 큰 나무 한 그루가 역시 파란 이끼옷을 입고 섰는데 죽은 나무인가 했더니, 저 위에 작은 가지가 나 있는 것으로 봐서 아직도 살아있는 것인가 보다.

갑자기 고향 느티나무가 생각났다. 이 느티나무는 죽어도 살았는데, 내 고향 천 년 묵은 느티나무는 불에 타 죽어서인가 둥치도 하나 남기지 못했으니 애석하기 그지없다. 나무 굵기로 말하면 이 나무보다 몇 배가 되었는데, 절에 있는 나무는 부처님의 가호를 받는 것인가.

해인총림(海印叢林)이란 현판이 달린 문을 지나 대적광전(大寂光殿) 앞마당에 들었다. 대적광전에서는 독경소리와 목탁소리가 은은히 울려 퍼진다. 안을 기웃거려 봤더니 스님의 주도로 신도들이 앉았다 일어섰다 한다. 여기까지 와서 내 부처님께 절도 못 올리고 가랴. 무슨 의례를 하고 있는 것 같은데, 안에 들어가 절을 올려도 되는지 몰라서 망설이다가 용기를 내어 들어가 삼배를 올리고, 수행에 방해가 될까 해서 조심조심 걸어나왔다.

대적광전(大寂光殿) 뜨락에 서니 앞에 가야산이 아침 햇빛을 받아 더욱 찬연하다.

서둘러 내려왔다. 오라는 데는 없어도 갈 데는 많다.

아침도 거른 터라 내려오다 매점에서 커피 한 잔을 사서 마셨다. 매점 앞 나무 밑에 장작난로가 장작을 물고 타고 있었다. 봄인데도 이 산골 아침은 아직도 난로가 필요한가 보다. 달아오른 난로가 오히려 반갑기도 했지만, 부시럭거리며 타는 장작불 냄새에 고향의 추억이 묻어났다.

가야산 산문을 지나 나오면 곧 정자 하나가 계곡 옆에 섰다. 차를 세우고 계곡을 가로지른 구름다리를 건너 정자를 둘러보았다.

농산정(籠山亭), 고운(孤雲) 최치원(崔致遠) 선생이 세상 시끄러운 소리를 피해 여기 와서 기거했다는 곳이다.

狂奔疊石吼重巒 (광분첩석후중만)
人語難分咫尺間 (인어난분지척간)

常恐是非聲到耳 (상공시비성도이)
故教流水盡籠山 (고교유수진농산)

돌 틈에서 쏟아지는 물소리 뭇부리 울리어,
사람 소리는 지척에서도 분간하기 어렵구나.
세상 시비 소리 귀에 들릴까 항상 두려워,
흐르는 물로 온 산을 둘러싸게 하네.

—최치원 「伽倻山(가야산)」

아닌 게 아니라 농산정 앞 계곡물이 고인, 그 물 속에는 온통 가야산 매화산이 다 잠긴 듯. 어쩌랴. 속세를 벗어나지 못한 중생, 어찌 여기 머물 수 있으랴. 그러나 내 영혼은 여기 이 골짜기 저 농산정 앞 개울물에 담가 두고 육신만 속세로 가져가리라.

백수의 봄바람 · 2

봄은 사람을 가만 두지 않는다.

여행 다녀온 지 1주일도 안되었는데, 저 봄이 또 사람을 불러낸다.

백수는 언제나 아침에 자고 일어나면 오늘은 어디를 갈까 생각하게 된다. 아니 아침이 아니고 사실은 전날 밤 잠자리에 누워서부터 생각하게 된다. 등산을 갈까. 등산을 가면 어느 쪽으로 갈까. 아니면 차를 몰고 어디로 나가 볼까. 어디를 가면 지금쯤 꽃이 많이 피어 있을까. 이런 생각을 하게 되고 마음이 정해지면 정신없이 그쪽으로 생각이 돌아간다.

오늘은 아침에 이슬비 몇 방울 떨어지는 것 같다가 비는 오지 않고 날씨가 흐려 있더니 오후 들면서 개었다.

나는 지금 이 봄 다 가기 전에 가 보고 싶은 곳이 여러 곳 있다. 봄이 짧으니 부지런히 설쳐야 한다.

이런 생각은 나이 탓이기도 하려니, 앞으로 이러한 봄을 몇 번이나 더 볼 수 있을까 하는 허무에서 나온 생각이기도 하리라. 이렇게 인생은 늙으면 조급해지는 것인가.

집을 나와 양산을 거쳐 신불산 쪽으로 접어들었다. 신불산 공원묘지 한 가운데를 지나 고개를 넘으면 배내골이다. 옛날에는 이러한 공원묘지 같은 델 가는 것을 꺼렸는데, 요즘은 마음 편하게 갈 수 있다. 이것도 어쩌면 내가 갈 데라는 생각 때문일까?

이 높은 곳에 차가 넘어 다니도록 만들었으니 참 좋은 세상이다. 그러나 편리함은 그것으로 만족해야 하는데, 이 높은 곳에 온 산을 포크레인이 와서 파 뒤집고 있다. 덜커덩거리는 포크레인 소리는 아직도 이 산에서 메아리친다. 무엇을 하는 공사인가 봤더니 골프장 조성공사 하는 곳이니 들어가지 말라는 경고판이 하나 서있다.

저러고도 인간에게 재앙이 없으랴. 이 높은 곳에까지 와서 골프장을 만들어야 하는 이유가 무엇일까? 지금 신불산 정상부근 해발 1,000m는 좋이 되는 이 산꼭대기에 포크레인 덜커덩거리는 소리 요란하다.

배내골 사거리에서 직진하여 밀양댐 쪽으로 가면 얼마 가지 않아 밀양댐 상류가 나온다. 깎아지른 듯한 절벽 아래쪽에 파란 호수를 내려다보며 가다가, 보기에 아슬아슬한 도로를 따라 굽이마다 차를 세우고 또 내려다본다. 호수는 찻길에서 아득히 내려다보인다. 왼쪽 산자락에는 연록색 나뭇잎이 돋아나는 4월의 산에, 중간 중간에 흰 솜을 던져 놓은 듯한 것은 산벚꽃이리라. 약간 불그스레한 색깔을 띄는 것은 산복숭아꽃일 테고.

중간쯤 농암정(籠巖亭)이라는 정자가 하나 있어 전망대 역할을 하고, 그 앞에는 이 곳 수몰민들을 위한 망향비가 서 있다. 망향비에는 조선 세조~성종 때의 성리학자인 이곳 밀양 부북면 출신의 점필재 김종직 선생의 시 한 수가 적혀 있기도 하다.

九曲飛流激怒雷 (구곡비류격노뢰)
落紅無數逐波來 (낙홍무수추파래)
半生不識桃源路 (반생불식도원로)
今日應遭造物猜 (금일응조조물시)

아홉 굽이 폭포마다 성난 우레 부딪치고,
낙화는 가이없이 물결 따라 쓸려가네.
반생토록 몰랐어라 도원길 어드멘지.
오늘에야 만났거늘 조화옹이 시기하네.

그 골짜기를 빠져나와 삼거리에서 우회전하여 표충사로 들어갔다. 바야흐로 4월 초파일이 가까워 오는 듯, 절 안은 온통 연등을 매달아 두고 있었다. 이제 신도들이 와서 돈 내고 촛불 켜기를 기다린다.

절을 한 바퀴 돌아 나오다 사천왕문 옆에 찻집이 있어 들렀다. 찻집에 걸린 액자 하나가 눈길을 끌었다.

三日修心千載寶 (삼일수심천재보)
百年貪物一朝塵 (백년탐물일조진)

삼일 닦은 마음은 천 년의 보배가 되고,
한평생 탐낸 물건은 하루 아침에 티끌이 된다.

고려말 야운(也雲)스님의 자경문(自警文)에 나오는 글이라고 알고 있다.

그렇다. 한 평생 재물 모은들 저승에 짊어지고 가겠는가. 인생은 빈 손으로 왔다가 빈 손으로 가는 것. 뭐 그리 아옹다옹하고 살 것 있으랴. 그나저나 나는 삼일수심(三日修心)도 못했으니 천년 보배도 다 그른 것이 아닌가. 허기야 천년 보배인들 나에게 무슨 소용이랴.

절을 뒤로하고 나오다가 오후 2시가 넘어 어디에서 점심 한 그릇을 떼울까 하고 달리는데 길 옆에 '여기가 안동칼국수집'이란 간판이 붙어 있어 들렀다. 경북 안동 의성 지방의 칼국수는 다른 지방과 다르다. 콩가루를 섞어 만들기 때문에 구수한 맛이 일품이다. 나는 어릴 때부터 그 구수한 칼국수를 먹고 자라서 경북 지방에 가면 나는 응당 칼국수집을 찾는데, 여기서 그런 칼국수를 맛볼 수 있다면 행운이다 싶었다. 그러나 안동은 고사하고 청도쯤 가다가 만 칼국수였다. 배가 고파서 그것도 맛이 있었다.

밀양 쪽으로 차를 몰았다. 잘 나 있는 새로 생긴 4차선 국도는 고속도로 같았다. 밀양에서 삼랑진 쪽으로 조금 나오면 밀양대학이 있고 그 뒷산에 일찍 간 내 친구 하나가 흙덮고 누웠다. 산에까지 올라가지는 못했지만 밀양대학 입구에 차를 세우고, 친구의 무덤 쪽을 쳐다봤다.

뭐가 그리 급했던고. 나는 이렇게 눈 뜨고 봄을 찾아 돌아

다니는데. 친구야, 그쪽 나라도 지금 봄인가. 꽃도 피고 파란 나뭇잎 돋아나는가.

허기야 가고 싶어 갔으랴. 유달리 생(生)과 자리에 집착하는 것 같았던 친구. 그의 묘지 앞 비석엔 '중학교교장'이라 커다랗게 새겨져 있었지.

나 그만 가네. 잘 있게. 자네는 어쩌면 유유히 흐르는 저 낙동강 맨날 보고, 산새 울음소리 듣고 산에 피는 봄꽃 실컷 구경하고 좋겠네. 나는 그런 것 구경하려고 이러고 쏘다니잖아.

차는 천태산을 굽이굽이 돌아 천태산 고개를 넘어 양산 쪽으로 달린다. 한 굽이 돌 때마다 낙동강을 내려다보면서.

원동 근처를 달리고 있을 때 길가에서 한 노인이 손을 흔들며 차를 태워달라는 것 같았다. 그러나 내 앞에 차들이 그냥 지나쳤다. 요즘 어디 낯선 사람을 차에 잘 태워주겠는가. 나도 차의 속도에 의해 그 노인 앞을 지나 20여m나 가서 차를 세웠다. 노인인데다 스쳐가는 표정으로도 좀 다급한 표정이었기 때문이었다. 노인이 그 늙은 체구로 달려왔다. 어디 가시느냐 물으니 양산 가는데 급하단다. 일단 태웠다.

노인은 내가 묻지도 않았는데, 양산 병원에 간다는 말과 어제까지 삼일을 불면증으로 잠 한 숨 못 자서, 가만히 생각하니 오늘 밤이 또 걱정이 되어 견딜 수가 없었단다. 그래서 수면제를 좀 사러 간다는 것이었다. 그리고는 자기는 철학관을 운영하고 있으며 풍수지리학의 전문가라고 했다. 뭐 고민거리라도 있느냐니까 집을 계약하고 어떻게 했다던가 해서 그것을 골똘히 생각하니 잠이 오지 않았다고 했다. 연세를 물으니 일흔 다섯이라고 했다.

점쟁이도 자기 점은 못 본다던가. 그 연세에 뭐 그리 집착하는 일이 있어 잠까지 못 자는고? 툭툭 털어버리고 마음 비우고 갈 길이나 생각잖고. 지름길이 있는데도 노인을 양산까지 태워다 주느라 양산 시내까지 돌아서 오게 되었다. 양산 시내에 내려드리니 고맙다고 몇 번이나 인사를 하며, 만원짜리 하나를 꺼내들고 기름값에 보태라고 했다. 굳이 사양하며 병원비나 하라고 하니 이 어른 눈시울에 눈물이 글썽하며 손등으로 눈물을 훔쳤다. 너무 고맙다는 것이다. 아마 본인으로서는 시간도 늦어 병원 문도 닫을 것 같고 해서 몹시 다급했던 모양이다. 나도 괜히 눈시울이 시큼해졌다.

나는 남은 길을, 그 노인이 오늘 밤은 푹 잠잘 수 있기를 속으로 바라면서, 그 노인이 가져다 준 상념에 잡혔다.

불일폭포 가는 길

6월 22일(수. 2005년) 세 사람이 부산을 출발하여 다솔사, 평사리 최참판댁을 거쳐 쌍계사 청운산장에 들었다.

이튿날 아침 일찍, 한 친구가 서둘렀다. 이번 나들이가, 계획했던 지리산 종주가 사정에 의해 무산된 뒤, 지리산 근처라도 가보자는 속셈이었고, 그래서 불일폭포라도 올라 보자는 것이었다.

아침 6시 30분에 배낭도 매지 않고 산장을 나섰다. 쌍계사 대웅전 앞에 올라서니, 대웅전은 지금 한창 보수 중이었다. 앞 뜨락에 임시 대웅전을 마련하여 부처님을 모시고 뒤에 원래 대웅전은 보수공사를 하고 있었다.

종각 옆으로 돈오교를 건너 산에 가는 계단을 오르니 벌써 등산복은 땀으로 젖었다. 여기서 국사암 갈림길까지는 사뭇 계단이어서 힘이 들었다. 국사암 갈림길을 지나면 길은 좀 느슨해지면서 걷기도 그리 힘들지 않다. 땀은 비오듯 흘러내리고 숨이 막혔다. 중간중간 개울을 건너는 나무다리를 새로 튼튼하게 만들어 놓은 것이 전과 달랐다.

환학대(喚鶴臺)가 불일폭포까지 딱 중간 지점이다. 보잘것 없는 바위 하나에 붙여진 이름이다. 신라말 최치원선생이 청학동에 노닐 때, 여기서 학을 불러 타고 다녔다는 전설이 깃들어 있는 바위다.

숨을 헐떡이며 마족대(馬足臺)에 오르면 곧 이어 불일평전이다. 마족대도 평범한 바위인데, 말발자국처럼 패인 곳이 있어 붙인 이름인 것 같았다. 드디어 불일평전에 올라섰다. 막혔던 숨이 탁 트이는 듯. 올라오는 곳곳에 밤꽃 냄새였지만 여기 올라서니 유달리 밤꽃 냄새가 확 다가오는 느낌이다. 돌아보니 밤꽃이 흐드러지게 피었고 산목련도 이제 한창이었다.

불일평전에 휴게소가 있다. 흰 수염을 늘어뜨린 한 분이 여기 지키고 있다. 건물 오른쪽에는 이곳 주인이 쌓은 듯한 돌탑이 여러 개 있고, '소망탑(素望塔)'이라고 바위에 글이 써져 있었다. 소망탑 앞에 약수를 한 바가지씩 들이켰다.

불일평전에서 조금 올라가면 길이 갈라지는 곳에 이정표가 섰다. 여기서 왼쪽으로 삼신봉이 6.9km, 불일폭포 0.3km, 쌍계사 2.1km라고 한다. 그러고 보니 우리는 겨우 2km 남짓 올라온 셈이다. 폭포까지는 0.3km라고 하나 여기서부터는 길이 험하여 철책을 잡고 가야 한다.

그 중간쯤에 불일암이 있다. 전에 왔을 때는 불일암 터만 있었는데, 아담한 암자가 들어서 있었다.

여기서 폭포까지는 200여m. 철책을 잡고 폭포까지 가는데, 이게 웬 일인가? 전에는 폭포 아래까지 들어가 폭포를 쳐다보며 손도 씻고 얼굴도 씻었는데, 폭포로 내려가는 길을 차단하여 폭포를 바라볼 수 있는 전망대를 만들어 놓았다. 따라서 이 전망대에서 20m쯤 거리를 두고 폭포를 바라볼 수 있을 뿐이다. 카메라로 폭포를 잡으니 한꺼번에 다 들어오지도 않았다. 더 물러설 수도 더 나아갈 수도 없고, 또 밑에서 위를 보며 폭포를 담을 수도 없으니, 할 수 없이 최대한 길게 잡아도 전체가 카메라에 다 들어가지를 않았다.

이곳은 고려 희종 때 보조국사(普照國師) 지눌(智訥)이 폭포 근처에서 수도하고 입적한 후 희종이 불일보조(佛日普照)라 시호한 데서 불일폭포란 이름이 되었고, 보조국사가 수도하던 암자가 불일암(佛日庵)이라 한다.

불일폭포 가는 길

쓸개 빠진 늙은이와
심장 막혔던 늙은이와
허파에 바람 들었던 늙은이
쌍계사 대웅전 앞에 서서 불심 받아 가슴에 안고
돈오교 건너 불일폭포 가는 계단에 서면
서러운 유월 땡볕
살아온 인생만큼이나 무거운 다리
고운 선생은 청학동 오르기 힘들어
학을 불러 타고 다녔다지만

불일폭포 가는 돌길은 멀기만 하다
불일평전 올라서니 유월 하늘에 밤꽃 익어가는 내음
휴게소에 산신령 같은 늙은이
무슨 소망 그리 많아 소망탑만 쌓았네
그래도 속세의 때 묻은 돈이 아쉬워
찬물 속에 맥주캔 담가 놓고 짐짓 모른 체한다
불일아 내가 왔다 소리쳐 봐도
불일은 서러운 지리산 눈물만 한없이 쏟아내어
천 길 벼랑만 뛰어 내린다
두고 온 속세 인연 끊을 길 없으니
불일아 내 어찌하랴
내려가는 이 길 다시 밟고 와서
너의 눈물에 다시 젖어 볼 수 있을까

—미발표시

내려오는 길에 다시 불일평전 휴게소에 들러 캔맥주 하나씩을 마셨다. 내려오는 마지막 나무다리에 오니 대학생들이 폭포에 가는 듯, 다리 양쪽에 나뉘어 서서 숨을 헐떡이고 있었다. 그 사이를 개선장군처럼 지나오다가 다시 돌아보며 학생들에게 농담 한 마디를 던졌다. '자네들 도열한 가운데 늙은이가 지나오니 마치 어서 가라는 환송행사 같네.'

그들의 그 싱싱함이 부러워 해 본 말이다.

청운산장에 와서 앞 계곡 깊숙한 곳 웅덩이에 가서 옷을 훌훌 벗고 물 속에 몸을 담갔다.

써늘한 느낌 뒤에 오는 그 시원함, 친구는 그것이 몇 만원 가치가 있다고 너스레를 떨었다.

늦은 아침을 먹고 쌍계사를 나와 화엄사를 둘러 성삼재를 넘어 뱀사골로 내려오다 오른쪽으로 반야봉을 본다. 지리산 종주를 꿈꾸다가 겨우 지리산 발자락을 밟고 도니 이 무슨 짓이란 말인가. 차를 세우고 반야봉을 넋 나간 사람처럼 바라보았다. 정숙한 여인처럼 다소곳한 그 머리 위에 구름 한 점 여유롭다. 내 저 여인의 머리 위에 두 발 얹고 소리 한 번 쳐 볼 수 있을는지. 반야야 내가 왔다 하고. 그러나 멈출 줄 모르는 세월이여. 멀어져만 가는 반야여.

비밀

—반야봉

검푸른 눈은 볼수록 맑아지고
산길 내내 가슴 설레게 했던 여인은
부끄러운 몸 어디로 숨어 갔는지
정작 보이지 않는다
서서도 보고 누워서도 보고
눈 버려가며 탐할 일은 무엇인가
구름 속에 떠있는 노고단은
가진 것이 외따로 떨어진 하늘뿐이고
만복대는 먼 전설 속 궁궐 같아
절로 마음 가벼워진다

지리산은 어디서나 깊은 산이니
반야의 혼은 집에 가서 느낄 일이다

—강영환 시집 『불무장등』에서

그렇구나 반야의 혼은 집에 가서나 느껴 보리라.

천왕天王을 향하여
—지리산 종주기(縱走記)

지리산 종주를 친구로부터 제안 받았을 때만 해도, 나 같은 약골(?)이 그냥 하루 산에 올라갔다 내려오는 것도 아니고, 종주를 한다는 것이 가능할까 하는 의문을 가졌었다. 내 천성이 겁이 많고 마음이 약한 탓도 있었으리라.

지리산 여행이야 1년에도 한두 번쯤은 자동차로 한 바퀴씩 돌았다. 또 10여년 전에는 백무동에서 올라가다가 세석평전에서 텐트를 치고 하룻밤을 자고, 그 이튿날 천왕봉에 올라갔다가 중산리로 내려온 적은 있었다.

그러나 종주란 말에 나는 그만 겁을 덜컥 먹었는데, 산을 좋아하는 친구가 나의 미지근한 태도에 아랑곳하지 않고, 응당 따라 오려니 하고 밀어부치는 바람에 나도 어쩔 수 없이 따라 나서고 말았다.

1999년 10월 5일 새벽, 일찌감치 서부 터미널에서 버스를 타고 구례에 내리니 9시 40분. 구례서 다시 버스를 타고 지리산 성삼재에 도착한 것은 10시 30분. 곧 노고단 쪽을 오르면서 종주는 시작되었다.

노고단은 출입금지 지역이니 저만치 바라보면서 고개를 넘어, 멧돼지가 많이 나와 붙여진 이름이라는 돼지평전을 지나 임걸령에서 점심을 먹었다. 점심은 친구 부인이 밤새워 만들었다는 주먹밥이었다.

우리는 곧 노루목을 지나 반야봉을 왼쪽으로 바라보면서 삼도봉(1530m), 토끼봉(1522m), 명선봉(1586m)을 오르내리며 연하천 대피소에 이르렀다. 원래 계획은 연하천에서 1박 할 예정이었으나 연하천 대피소의 잠자리를 들여다보니, 도저히 잘 수가 없을 것 같았다. 나는 이런 산장에서 자 본 일이 없어 이 방면에 아는 바가 별로 없었다.

연하천에 도착한 것이 오후 4시 50분, 지도를 보니 연하천에서 벽소령까지는 1시간 걸리는 것으로 되어 있었다. 그러나 나이 많은 사람의 걸음이니 좀 느린 것으로 보고 1시간 30분쯤으로 잡으면, 6시 30분쯤이면 벽소령 대피소에 닿을 것으로 생각하고 곧 출발했다.

형제봉(1433m)에 오르니 저 건너 벽소령 대피소 지붕이 보이는데 곧 건너뛸 수 있을 것같이 지척이었으나, 거기서부터 길은 점점 험하고 날은 점점 어두워지면서 다리를 끌다시피 하면서 갔다. 길은 온통 고르지 못한 바위와 돌이 비쭉비쭉 나온 험한 길이었고, 날은 저물어 앞은 잘 보이지 않았다. 어름짐작으로 희미하게 보이는 돌을 건너뛰거나 기어가면서 벽소령에 도착하니 7시 20분이었다. 지도에 1시간으로 표시된 거리를 2시간 30분 걸린 셈이니 지도가 잘못된 것인지 우리 걸음이 너무 느린 것이었는지 모르겠다.

대피소에 자리를 배정 받고 담요를 받아 짐을 풀고, 남은 주먹밥으로 저녁 식사를 떼웠다. 그러고도 아직 주먹밥은 남아 있었다. 주먹밥을 먹으면서 하늘을 쳐다보니 별이 주먹만 하였다. 내 평생에 그렇게 큰 별은 처음 보았다.

대피소 잠자리란 내가 군에 갔을 때 보충대 내무반을 연상케 했다. 여러 사람이 한 공간에서 잠을 자게 되니 얼른 잠이 올 리가 없었다. 밤늦도록 소주를 홀짝홀짝 마시는 사람, 지붕이 들썩거릴 정도로 코를 고는 사람, 두시렁두시렁 얘기하는 사람, 게다가 담요 한 장에 천원씩 주고 석 장이나 빌렸으나 고산 지대라 또 춥기까지 하여, 다리를 오그리고 겨우 잠이 들었다. 그러다 또 코고는 소리에 잠이 깨이어, 이제 아침이 거의 되었나 보다 하고 손전등을 더듬어 찾아 시계를 비춰보니 겨우 12시였다. 다시 잠을 청하였으나 코고는 소리가 하도 요란해서 좀처럼 잠을 이룰 수가 없었다. 몇 시간 뒤척이다가 겨우 잠이 드는 둥 마는 둥 곧 아침이었다. 날이 채 밝기도 전에 코를 골던 팀은 벌써 출발하고 있었다. 이제 좀 잘 만한데 일어나야만 했다.

아침 식사로 라면을 끓여서 남은 주먹밥과 함께 먹었다. 벽소령 대피소는 샘물이 150m나 밑으로 내려가서 길러 와야 하기 때문에 물이 귀했다. 속세에서 멀리 떨어진 산에서 만난 사람들이라 모두가 인심이 후하여, 남의 물을 얻어서 라면을 끓일 수가 있었으나 세수는 엄두도 못냈다. 사람들은 뭐가 그리 바쁜지 서둘러 출발했다. 우리도 괜히 마음이 조급해졌다.

사실은 어제 저녁 이곳에 왔을 때만 해도 다리가 무겁고 지쳐서 아침에 종주를 포기하고 벽소령에서 하산하기로 마음먹었다. 그러나 아침이 되니 그런대로 몸도 좀 풀리는 것 같고 마음도 상쾌해져서 이대로 내려가기란 좀 억울하고, 또 내 의지가 용서할 수 없다는 오기가 발동했다. 애초에 종주를 결심한 것도 이 나이에 과연 할 수 있을까 하는 생각이 들었으나, 이는 내 육체와 내 의지의 시험이라 생각했던 것이기도 하다. 그래서 친구에게 천왕을 향해 가자고 하니, 그는 아주 좋아했다. 친구는 나보다 건강한데다가 본래 등산에 일가견이 있었다.

아침 7시 20분, 벽소령을 출발했다. 한 시간쯤 걸어 8시 20분 쯤 선비샘에 도착하여 세수도 하고 양치질도 할 수 있었다. 먹을 물도 병에 담았다. 칠선봉(1576m)을 거쳐 세석평전에 도착한 것은 10시 50분. 십 삼사년 전에 이곳에서 텐트를 치고 하룻밤 잔 적이 있었다. 그 때는 여기 왔을 때 봄비가 부슬부슬 내렸고 세석의 그 너른 평전이 온통 텐트로 덮여 있었다. 아침에 밥을 지어 먹고 설거지를 하려고 물 나오는 곳에 물 받으러 갔던 일행 중 한사람이, 텐트를 못 찾아 대피소에 가서 방송을 해서 데려온 일이 있었다. 그 때는 큰 비는 아니었지만 밤새도록 텐트를 후드득 때리던 구슬픈 밤비 소리, 또 옆 텐트의 어떤 아가씨가 밤새도록 부르던 유행가 소리가 어찌 그리도 처량하게 들렸던지, 그 생각이 났다.

세석을 지나 11시 5분쯤 촛대봉에 오르니 표지 말뚝에 1730m로 기록되어 있었다. 그러고 보면 내가 참 높은 곳에서 논다 싶었다. 또 산봉우리마다에서 밑을 내려다보면 구름이 발밑에 있어 조망하는 경치를 잘 볼 수 없었으나, 구름 위에서 내가 놀고 있으니 신선이 된 듯하고, 또 그 운해에 풍덩 뛰어들어 헤엄이라도 치고 싶은 심정이었다. 그러나 인간의 심장이라 운해가 발밑에 찰랑댈 때는 너무나 우주가 아득하여, 이대로 우주 속에 미아가 되어 버리는 것이 아닌가 하는 두려움에 휩싸이기도 했다.

연하봉(1667m)을 오를 때 간간이 떨어지던 빗방울이 장터목 대피소에 이르렀을 때는 제법 굵은 빗방울로 변했다. 12시 30분쯤, 장터목 대피소에 도착하여 라면을 끓여 마지막 남은 주먹밥 하나를 가지고 점심으로 때우고, 비가 오는 가운데 천왕봉을 향했다. 오후 2시가 넘어서야 지리산 최고봉 천왕봉을 기어오르니 비바람이 거세게 몰아쳤다. 10여년 전에 왔을 때도 비바람 속에 이곳에 올랐거늘, 오늘도 역시 비바람 속이라니… 남명(南溟)은 천왕을 두고 이렇게 읊었다.

請看千石鍾 (청간천석종)
非大敲無聲 (비대고무성)
萬古天王峯 (만고천왕봉)
天鳴猶不鳴 (천명유불명)

천 섬이나 되는 종을 보라.
크지 않으면 두드려도 소리 나지 아니 하니,
만고의 천왕봉은
하늘이 울지언정 울지 않는다.

오늘은 이 거대한 종을 누가 두드렸기에 이토록 울어대는가? 아니면 나 같은 속인이 여기 온 것을 노함인가? 나는 역시 속인이라 천왕과는 인연이 없는가 보다. 천지가 비바람으로 아득하니 속진(俗塵)에 찌든 내가 어찌 견디랴. "한국인의 기상 여기서부터 발원되다!"라고 새긴 바위는 그래도 꿈쩍하지 않는다.

그렇다. 그 기상이 어디 다사롭고 고요한 봄날씨 같아서야 되겠는가. 함부로 내보일 얼굴이라면 어디 천왕이라 할 수 있겠는가.

이렇게 자위하며 비바람 거센 천왕을 얼른 내려 왔다. 비바람 탓인가. 오늘은 우리 두 사람 외엔 아무도 없고, 천지는 아득하여 내 몸 하나 붙일 곳이 없어 우주의 고아가 된 느낌이다.

천왕은 말이 없으나 워낙 웅변이 있다. 그 큰 말을 내 조그마한 속세의 귀로, 또는 가슴으로 어찌 다 들을 수 있으랴. 내 평생 하늘에 가장 가까운 곳에 왔으니 그것만 해도 나는 신선의 기운을 어느 정도 받았을 터인즉, 무슨 욕심을 더 부리겠는가.

중산리 하산길을 찾는데 한참 동안 헤매었다. 사람이라곤 우리 두 사람뿐인지라, 물어볼 데도 없었다. 자칫했으면 엉뚱한 길을 들어, 이 비바람치는 날에 지리산 귀신이 될 뻔했다.

알고 보니 대로가 있었는데 사람은 한 치 앞을 내다볼 줄 모르는 존재인가? 아니면 천왕이 함부로 길을 내어 주지 않음인가?

하산길은 경사가 심한데다가 비가 와서 여간 미끄러운 것이 아니었다. 올라가는 길도 힘이 들지마는 내려오는 길은 관절에 적잖이 충격을 주는데다, 미끄러운 길이 더욱 힘들게 했다.

법계사를 거쳐 중산리에 도착하니 오후 5시 30분이었다. 중산리에서 잘까 생각했으나 목욕탕도 없는 민박집이 지친 몸을 풀기에 적당치 않은데다가, 부산 오는 버스가 있어 젖은 몸으로 부산행 버스에 올랐다.

밤 10시가 넘어 부산에 내리니, 어제 떠난 부산이 며칠이 걸린 것 같은 느낌이었다. 저녁 먹으러 가서 소주 한 잔을 대하고 앉으니 이틀 동안이 꿈만 같았다.

남이 들으면 웃을 일일지 모르나 이 나이에, 이틀 동안에 60여km를, 평지도 아닌 그 험준한 대두류(大頭流)를 걸어서, 드디어 천왕봉을 정복하고 부산까지 왔으니, 나는 스스로 대견하다고 생각했다. 원래 출발할 때는 2박 3일이나 3박 4일로 작정한 산행이 아니었던가.

친구와 소줏잔을 주고받으며 서로 칭찬하기에 주저하지 않았다. 지리산 굽이굽이마다의 그 조망, 그 운해, 천왕의 기상이 가슴을 꽉 메웠다. 천왕을 영원히 가슴에 담아 가겠다던 친구의 말대로 이젠 다시 가 볼 수 없을 것 같은 천왕! 그 때의 그 거룩한 힘과 모습 영원히 가슴에 새겨 두리라.

지리산 발자락
—지리산 일주기(一周記)

지난 16일(목. 2004년12월) 세 사람이 다시 뭉쳤다.

느지막히 부산을 출발하여 남해 고속도로를 달리다가, 곤양IC에서 빠져 곤양에서 자장면을 점심으로 먹고 곧장 다솔사를 향했다. 다솔사(多率寺)는 쌍계사를 갈 때면 응당 들리는 곳이다. 진입로의 키큰 소나무들이 도열하여 서서 절집 가는 분위기를 한껏 북돋워 준다.

가을이면 단단풍이, 엄마 립스틱을 몰래 붉게 칠한 어린 아이같이 빨간 웃음으로 애교를 떠는 다솔사, 지금은 그 잎들이 땅에 하염없이 누워 있었다.

다솔사는 경남 사천시 곤명면 용산리 와룡산 기슭에 있다. 신라 지증왕 12년(511)에 연기조사(緣起祖師)가 창건하였고 쌍계사의 말사(末寺)이다. 다시 신라말 도선(道詵)이 중수하고 다솔사라 이름했다 한다. 고려 때 나옹화상(懶翁和尙)이 중수한 이래 임난 때를 비롯해서 몇 차례의 화재를 겪어, 지금의 건물은 1915년에 세운 것이라 한다.

이 절에는 10여 채의 건물이 있지만 가장 유명한 것은 대

양루(大陽樓)인데, 몇 차례의 화재에도 그대로 남아있어 가장 오래된 건물이기 때문이다. 조선 영조 25년(1749)에 지어진 것으로 경남유형문화재 83호로 지정된 2층 맞배집이다.

적멸보궁(寂滅寶宮) 후불탱화에서 108개의 부처님 진신사리가 발견되어, 지금은 그 사리가대웅전 뒤 사리탑에 모셔져 있고, 대웅전엔 와불이 모셔져 있다. 와불 뒤에 창을 내어 바로 뒤의 사리탑으로 연결되어 대웅전에 참배하면 뒤의 사리탑을 참배하는 것이 되니, 사리탑은 부처님을 대신한다고 볼 수 있을 것이다. 와불(臥佛)은 부처님의 열반 직전 모습이라 한다. 따라서 이곳에는 부처님이 없다고 생각할 수 있다. 즉 부처님이 있으면서 없는 것이고, 없으면서 있는 것이라고 한다. 본래 적멸보궁에는 부처님이 없고 진신사리만 있는 곳이다.

사리탑 뒤의 산비탈은 차밭이다. 이 차밭에서 나는 차를 반야차(般若茶)라고 한다. 이 절에서 한 때 한용운이 수도하며 시도 썼고, 김동리의 단편소설 '등신불'을 여기서 집필했다고 하니, 등신불의 배경은 중국이지만 소설의 모티브를 여기서 얻었을 가능성이 있지 않을까 한다. 고려 때 이 절을 중수한 나옹화상의 보현십원가(普賢十願歌)는 우리나라 가사문학의 시초로 잡기도 하니, 나옹화상, 한용운, 김동리 등 문학가와 상당히 인연이 깊은 절이 아닐까 하는 생각도 든다.

다솔사를 뒤로 하고 나와 일반국도를 따라 하동으로 오는 길은 한가한 시골길답게 자동차도 적게 다녀서 드라이브 길로도 재미가 있다. 하동에서는 섬진강 다리를 건너 섬진강 서쪽 강변도로를 따라 북쪽으로 올라가면서 섬진강의 분위기에 잠시 젖어 본다. 매실마을 앞을 지나 조금 더 올라가면 근래에 된 전라도와 화개를 잇는 웅장한 다리가 있다. 남도대교라고 하던가. 이 다리를 건너면 화개 장터다.

쌍계사 앞에서 숙박하기로 예정을 잡았기 때문에 시간이 좀 일러 연곡사를 먼저 찾아 들어갔다. 연곡사는 전남 구례군 토지면 내동리에 있으며 지리산 반야봉 아래, 유명한 피아골 입구에 있다. 피아골은 가을이면 단풍으로 유명한 곳이지만 지금은 그저 잿빛 산등성이뿐이었다.

연곡사는 화엄사(華嚴寺)의 말사로 앞에 말한 다솔사의 창건자인 연기조사가 신라 진흥왕 5년(544)에 창건했으나, 임진왜란 때 불타고 새로 지었는데, 6.25때 다시 불타서 그 뒤에 다시 지었다고 한다. 얼른 보아도 대찰임을 알 수 있는 이 절엔 또 문화재가 많기로 유명하다.

국보 53호인 연곡사 동부도(東浮屠), 국보 54호인 연곡사 북부도(北浮屠), 보물 153호인 연곡사 삼층석탑, 보물 152호인 연곡사 현각선사탑비(玄覺禪師塔碑), 보물 153호인 연곡사 동부도비(東浮屠碑), 보물 154호인 연곡사 서부도(西浮屠) 등이 있다.

몇 년 전에 왔을 때 연곡사 일주문 앞에 한 할머니가 홍시를 팔고 있어, 그것을 사먹은 친구는 들어갈 때부터 그 때 그 할머니가 또 있었으면 좋겠다고 했지만, 홍시 파는 할머니는 없었다. 친구는 할머니가 돌아가셨는지도 모른다면서 몹시 서운해 했다.

연곡사에서 나와 화개를 거쳐 쌍계사를 들어가는 길은 오래 묵은 벚나무가 줄을 지어 서 있는데, 봄이면 벚꽃이 좋겠지만 지금은 역시 나목으로 선 모습이 세파와 가난에 찌든 늙은 선비 같다. 그래도 이 길은 항상 아늑한 기분이 들어 좋다.

우리는 이곳에 오면 응당 쌍계사 경내에 청운산장에 일박한다. 그런데 요금소가 쌍계사 들어가는 다리 앞에 있어 차량을 통제하기 때문에, 언제나 요금소의 직원들이 퇴근한 후라야 차를 가지고 안으로 들어갈 수 있다.

청운산장에 드니 주인이 없었다. 큰일이었다. 배도 고프고 몸도 피곤한데 어쩐단 말인가. 그런데 집안에 불이 켜져 있고 문도 크게 단속하지 않은 것을 봐선 멀리 가지는 않은 것 같아 서성이고 있다가, 차를 그대로 두고 마을에 와서 저녁이나 먹고 다시 올라가기로 하고 내려오는데, 택시 한 대가 올라가는 것이었다. 따라 올라와 보니 주인집 아주머니여서 얼마나 반가웠는지.

청운산장에 다닌 지가 오래 되었다. 내가 처음 갔을 때 초등학교에 다니던 어린 아이는 지금 고등학교에 다닌다고 진주까지 나가 있다고 했다. 한 친구는 자기가 여기 처음 왔을 땐 아주머니는 아이도 없는 새색씨였다고 하는데, 지금은 고등학교 다니는 학생이 있으니 얼마나 많은 세월이 지났느냐고 자랑이다. 우리는 여기 올 때마다 아이가 더 자라 있음을 보곤 했다.

아주머니, 아저씨, 또 아주머니의 친정어머니가 다 인정많고 좋은 사람들이었다. 한번은 지리산에 송이 캐러 가서 하루 종일 여섯 개밖에 못 캤다면서, 그 중 세 송이를 우리에게 주는 인심을 보였다. 그 인정 때문에 우리는 이곳에 오면 늘 이 집에 온다. 겨울엔 방이 외풍이 심해서 좀 추운 것이 탈이다. 그러나 인심 좋은 이 집 주인은 밤새도록 보일러를 틀어 놓아 방바닥은 뜨끈뜨끈하도록 해 준다.

저녁은 하동 재첩국이다. 이것도 여기 오면 거의 공식처럼 되어 있다. 저녁에 셋이서 화투를 치다가 배가 출출하면 더덕구이 하나를 시켜 소주를 들이키는 맛이란 어디 비교하랴. 더구나 주위 분위기가 선경이다. 개울물 소리를 들으며 술을 마시고, 개울물 소리를 들으며 잠을 잔다. 여름이면 평상에 앉아 개울물 소리, 새 소리, 바람 소리 들으며, 또 돌틈에 흘러내리는 개울물을 내려다보고 술을 즐길 수 있어 늘 과음하곤 했다. 그러나 그날은 방안이었다. 잠을 자다가 무슨 소리에 잠이 깨었는데 개울물 소리와 옆에서 코고는 소리가 구별이 안갔다. 모든 것이 마음에 달렸는가? 코고는 소리엔 잠을 못 자고 개울물 소리엔 잠을 잘 수 있으니…

요즘 따뜻한 겨울이라고 하지만, 아침에 자고 일어나니 이곳은 쌀쌀했다. 아침을 먹고 쌍계사에 올라가 돌아보고 내려 왔다.

쌍계사를 나와 칠불사에 올라갔다. 쌍계사 위의 골짜기 대성골을 따라 올라가면 칠불사가 나온다. 지금은 길도 포장이 되어 잘 나 있다. 화개면 법왕리 지리산 토끼봉 아래 해발 830m 지점이다.

101년 가락국 김수로왕(金首露王)의 일곱 왕자가 암자를 세웠고, 103년 8월 보름에 그 일곱 왕자는 성불했다는 전설이 있다.

이 절에 유명한 것은 아자방(亞字房)이다. 100여명이 좌선할 수 있는 넓이(8평방미터)로 '亞' 자 모양의 구들을 만들어 한 번 불을 때면 49일 동안 온기가 있다고 한다.

이런 '亞' 자 방은 신라 때 금관가야에서 당공선사가 벽안당(碧眼堂)이란 선실(禪室)을 '亞' 자 모양의 온돌을 놓아 처음 만든 것으로, 그를 구들도사라 했다고 한다.

여기서 서산대사가 좌선했고, 대은선사가 율종을 수립했다고 한다. 또한 다성(茶聖)으로 일컬어지는 초의선사(艸衣禪師)가 43세 때 여기서 다신전(茶神傳)을 초록했다고 하여 절 들어가기전 주차장 근처에 그의 탑비를 근래에 새로 세웠다.

칠불사 가는 길

곧바로 가도 될 길을
산을 휘몰아
지리산 칠불사 가는 길.
된비알에 씻어
내 마음 지신(地神)에게 바치고
불똥같이 남아
잔바람에도 눈을 뜨는
숯구덩이 같은 마음 떠받들고

졒자 구들 속으로…
나의 소회(所懷)를 고하는
삼천배의 한나절.
가을바람에 풍경소리 난(蘭)을 치고
미소에 미소로 답하는 아, 만다라.
연꽃 풀어 녹차 내려
한 모금 마실 적에
인과(因果)에 얽매인 사랑
칠불사 기와를 타고 내려와
염주 사이로 스며들다.
찰나에만 머무는 아둔한 이여.
이 미천한 것아.

—김동수의 「칠불사 가는 길」

칠불사를 나오다가 산문을 나서는 한 스님이 차를 좀 태워 달라고 해서 화개까지 태워 드렸더니, 날 보고 운전 잘한다고 인사 한 마디 하고 갔다.

화엄사 앞을 지났지만 들리지 않고, 곧 천은사로 갔다. 천은사는 지리산 성삼재를 넘는 길목에 있어 들리기 좋은 곳이기 때문이었다. 천은사는 슬쩍 들러 나왔다. 천은사 앞 저수지가 큰 소나무 가지 사이로 멀리 보이는 풍경과, 개울 건너는 다리 위에 누각 하나가 물과 어울려 그림 같았다.

차는 지리산 경사길을 굽이굽이 기어 올라갔다. 이 고개를 넘는 곳이 성삼재이고 성삼재 조금 덜 가서 시암재라는 곳이 있다. 성삼재에는 주차비를 받고 시암재 주차장에는 주차비를 받지 않기 때문에 우리는 언제나 시암재에서 쉰다. 내려다보는 정경도 시암재가 낫다. 시암재에서 구례 쪽을 내려다보면 멀리 구례까지 보이고, 올라온 찻길이 구렁이같이 꿈틀거린다.

혹 노고단에 올라갈 계획이 있으면 부득이 성삼재 주차장에 주차하는 도리밖에 없다. 그러나 오늘은 곧장 넘어왔다. 성삼재를 넘어 굽이굽이 내려오면서 깊은 계곡과 지리산의 겨울 산세를 볼 수 있어 좋았다. 심원계곡, 달궁계곡, 뱀사골계곡을 차례로 끼고 돈다. 계곡이란 이름이 끝나 실상사 가까이 오면 계곡이란 이름 대신 천(川)이란 이름이 붙는다. 실상사 앞에 이르면 만수천이다. 만수천이 더 내려오면 임천강이 되고 더 내려오면 경천강이 된다.

우리는 드디어 지리산 그림자를 벗어난다.

달 두 번 보고 팔땡이 잡고
—방장산 대원사

대원사 주차장에 도착한 것은 27일(2005.1.27) 오후 4시 반쯤 되어서였다.

부산에서 진주까지 직행이던 버스가 진주 터미널에서 30분간 쉬더니, 대원사까지는 완행버스가 되고 말았다. 시골 마을마다 승객들이 타고 내리고 하였다. 그래도 나는 그 버스가 싫지 않았다.

시골 사람들이 보따리를 들고, 타고 내리는 모습이 정겹기 때문이었다. 사람들은 한결같이 순박한 모습이었다. 어떤 할머니는 설 준비로 쌀강정을 만들어 비닐 자루에 담아서 차를 타고, 내 옆 자리에 자리 잡고 앉자마자 쌀강정을 한 줌 꺼내 주면서 맛보라고 했다. 이것이 농촌 인심이려니 생각하니 마음이 푸근해졌다.

차는 남명 조식 선생의 유적인 산천재를 오른 쪽으로 보면서 곶감으로 유명한 덕산을 거쳐 대원사 밑에 평촌리 마을 주차장에 도착했다.

그 마을에 민박집이 두 집 있었다. 벽송식당에 들어가 민박을 부탁했다. 홀에 놓인 장작난로가 마음에 들었다.

민박집에 짐을 벗어 놓고 곧장 대원사로 올라갔다. 여기서 대원사까지는 2km 남짓. 애초에 이번 여행 계획은, 이틀 전 이 지방에 눈이 많이 왔다는 소식을 듣고, 친구가 제안한 것이었다. 대원사 올라가는 눈길을 밟아 보자는 것이었다. 그러나 눈은 이미 다 녹아버리고 없었다. 산꼭대기 부근에 눈이 희끗이 묻어 있는 정도였다.

친구가 산꼭대기에 묻은 흰 눈을 보고 '꼭 누구 머리 같다'고 하며 내 머리가 희끗함을 놀렸지만, 기실 내 머리와 비슷한 자기 머리에 대한 탄식이리라.

눈은 없었지만 실망하지는 않았다. 지리산 기운이 가슴 앞에 다가와 안기고, 청량한 지리산 바람이 우리를 반기었기 때문이다. 대원사 계곡의 물소리는 더욱 우리를 반기는 듯, 낙락장송 사이로 계곡을 내려다보면서 대원사로 올라갔다. 길은 붉은 벽돌을 깔아 잘 단장 되어 있었고 차도 다닐 수 있었으나, 흙길이었으면 하고 아쉬워했다. 대원교 다리를 지나 일주문 가까이 가니 비구 스님들 몇 분이 내려왔다. 이 차가운 날씨에 빡빡 깎은 머리가 얼마나 추웠으랴. 그래서인지 스님들은 머리에 털수건을 올려놓고 길을 걸었다. 처음엔 무엇을 이고 가나 했는데, 가까이 가서 보니 털수건이었다.

'방장산 대원사(方丈山大源寺)'. 일주문엔 이렇게 현판을 달았다. 방장산이란 말이 이곳이 선경임을 자부하는 듯. 지리산은 여러 가지 이름이 있다. 방장산이란 이름과 함께 두

류산(頭流山), 남악산(南岳山), 방호산(方壺山), 삼신산(三神山) 등. 원래 방장산이란 영주산, 봉래산과 함께 동해 바다 한 가운데 신선이 살고 있고, 불로초(不老草)가 있다는 삼신산의 하나가 아닌가. 유독 쌍계사는 '삼신산 쌍계사(三神山雙磎寺)'라 했고 여기 대원사는 '방장산 대원사'라 했다.

대원사는 지리산 동쪽 자락에 위치한 절이다. 행정구역상으로 경남 산청군 삼장면 유평리에 있다.

신라 진흥왕 9년(584년) 연기(緣起) 조사가 창건하여 평원사(平原寺)라 했다. 그 뒤 네 차례의 중창을 거쳐 오늘날의 모습을 갖추게 되었다고 한다. 1948년 여순반란 사건 때, 다층석탑(기단2단에 8층. 보물 1112호)을 제외한 모든 건물이 소실되어 8년간 방치되어 있다가, 1955년 법일스님이 주지로 부임하면서 중창을 시작하여 40여년간 사리전(선원), 대웅전, 천광전, 원통보전(관음전), 명부전, 산왕각(산신각), 봉상루, 범종각, 염화실 등 20여동을 세웠다고 한다.

법일(1904~1991) 스님은 서울서 부유한 집안에 태어나, 서울 경기여고에 입학했다가 동덕여고를 나온 신여성이었으나, 출가하여 스님이 되었고, 폐허의 대원사에 주지로 부임하여 40여년을 마을마다 단월(檀越)을 찾아다닌 끝에 현재의 절집을 완성하게 된 것이라 한다.

절에 들어가기 전 길가에 석간수가 솟고 있어 한 바가지 떠서 마셨다. 지리산 공기만큼이나 속이 시원했다. 사리전 앞에 다층석탑이 있어 구경하려고 하니, 비구니 한 분이 들어가면서 사리전 입구 자그마한 쪽문을 닫아걸었다. 탑을 좀 구경하겠다고 하니, 이곳은 스님들만 기거하는 곳이라서 출입금지란다. 스님들이 다 비구니들이니 낯선 속세의 남자를 경계하는 것인가?

민박집에 내려와 산채비빔밥으로 저녁을 먹었다. 그리고 그 장작 난로가에서 소주를 마시며 노변방담을 즐겼다.

방에 들어가서는 예의 화투판이 또 벌어졌다. 한 친구가 고스톱을 할 줄 몰라 우리는 언제나 '섯다'를 한다. 돈은 한 쪽으로 쏠리는가 싶다가 또 다른 사람에게 글발이 옮겨지곤 한다.

중간에 좀 쉬면서 마당에 나섰다. 시원한 지리산 밤공기가 폐부에 들어온다. 하늘에는 별들이 빛나고 동쪽 산등성이로 달이 떠오른다. 음력으로 며칠인가 들어와서 보니 섣달 열여드레였다. 달은 산등성이 나뭇가지에 걸리더니 쉬 벗어나서 차츰 솟아올랐다. 북극성과 북두칠성을 찾았으나 하늘이 좁아서인지 보이질 않았다. 삼태기 별 세 개가 또렷했다.

방안에 들어와서 다시 화투를 잡았는데, 한 친구가 팔땡이를 잡고 말았다. 그는 기세가 등등하여 달을 두 번 봤더니 당장 팔땡이가 나온다고 떠들었다.

화투로 돈을 따봐야 결산 때에는 다 돌려주고 말 돈이다. 그러나 돈이 문제가 아니다. 딴 사람은 항상 다음 화투 때까지 늘 승자의 기선을 잡고 있게 마련이다. 그때부터 돈 딴 친구의 그 기고만장한 기세라니…

아침에 일어나니 성악을 전공한 한 친구는 골짜기에 들어가서 성대훈련을 하는가 고함을 지르고, 그 산메아리가 또

산을 울렸다.

아침 식사로 된장찌개를 먹었다. 이 겨울에 달래를 넣어 끓인 된장찌개는 특별한 맛이었다.

우리는 아침 먹은 후 다시 대원사 쪽으로 올라갔다. 대원사를 거쳐 1km쯤 더 올라가면 밤밭골 마을이 있다. 밤밭골 마을엔 민박집도 있고, 유명한 가랑잎국민학교가 있던 곳이다. 옆에 계곡을 끼고 난 길 섶엔 눈도 묻어 있었다. 계곡은 그야말로 선경이었다. 큰 반석 위로 흐르다가 고인 물엔 하늘과 구름과 나무가 담겨 있었다. 가랑잎국민학교로 알려진 삼장초등학교 유평분교는 없어지고, 그 자리에 콘크리트 단층 건물로 지어진 학생수련원이 있었다. 밤밭골 마을을 뒤로 하고 내려와야만 했다. 마음 같아서는 천왕봉까지 올라가고 싶었다.

민박집에서 나와 주차장에서 버스를 기다렸다. 넓은 주차장은 텅 비어 있었다. 주차장 한 쪽 가에 조형물이 하나 있어 가봤더니, 지리산 공비토벌 지도였다. 지리산 지도 위에 각종 공비 아지트가 표시되어 있었다. 소막골아지트, 종땀암반아지트, 조개골아지트, 순두류아지트, 구들장아지트, 칼바위아지트, 법계아지트… 등등, 수도 없는 아지트 이름이 있었고, 마지막 공비 아무개를 체포한 곳, 인민군사령부, 인민재판소라는 곳도 표시되어 있었다. 그 때의 혈흔이 아직도 사라지지 않았구나 하는 생각이 들었다. 한 주민의 이야기를 들으니 뒷산에 조금만 올라가면 아지트의 흔적이 지금도 남아 있다는 것이다. 이 조형물을 세운 것은 역사의 뒤안길에 민족끼리 피를 흘린 아픔의 기억을 잊지 않으려는 의도였을까? 지리산은 영산이로되 그때의 혈흔은 아마 영원히 지워지지 않겠거니 하는 우울한 생각을 떨쳐 버리지 못한 채 부산행 버스를 탔다.

선운사에 내리는 눈

나는 눈 보러 전라도에 간다!

구미 가서 눈에 덮인 금오산을 한번 쳐다보고, 경부선 열차 타고 올라가며, 가져 간 매실주 홀짝거리면서, 밀가루 덮어 쓴 것 같은 산들을 보며 대전까지 갔다. 택시로 서대전역으로, 서대전역에서 호남선을 타고 눈 덮인 김제 평야를 차창으로 내다보며 정읍에서 내려 곧장 선운사로 들었다.

김제 평야를 지날 때 차창 밖으로 조금씩 흩날리는 눈발이, 정읍에 내려서도 실망스러울 정도로 가는 눈이 가끔 흩날릴 뿐, 날씨마저 햇빛이 가끔 나타나니 눈 구경은 다 글렀다 싶었다. 눈 피해로 고통을 겪는 사람들께는 미안한 이야기지만, 눈 보러 온 입장에선 함박눈이라도 좀 퍼부어 주었으면 싶은 게 솔직한 심정이었다.

그러나 선운사에 내린 오후 다섯 시쯤, 눈송이는 차츰 굵어지고 선운사에 들었을 때는 우리를 반기기라도 하듯 함박눈이 쏟아졌다. 하늘이, 아니면 선운사 부처님이 우리의 찾아듦을 환영하는 행사를 이렇게 요란하게 펼친단 말인가. 나는 그저 어쩔 줄 모르고 카메라 셔터를 눌러댔다. 사진이 나올지 어떨지는 모르지만. 하얀 천사는 머리에 어깨에 그리고 도솔산에도 절집 마당에도 절집 지붕에도 하염없이 내려앉는다. 그렇잖아도 선운사 마당에는 어제까지 내린 눈이 발목까지 쌓여 있고, 스님들이 지나다니는 길만 빗자루로 틔워 놓았는데, 이 함박눈이 금새 그 길도 분간할 수 없도록 덮고 말았다. 미친 듯이 절집 구석구석을 돌았다. 절집 뒷산 자락에 동백은 몽우리도 보이지 않고 푸른 잎만 눈을 덮어쓰고 있는 중이다.

경내 찻집 '禪茶院(선다원)'에 들었다. 촉루(燭淚)가 흘러내려 투구같이 생긴 촉루기둥에 촛불 두 개가 파닥이고 독경 소리가 은은히 퍼진다.

우전 익히는 마음, 우전 향기 퍼지는 정감 즐거워라. 창문 밖을 보니 눈은 빗금을 그으며 더욱 기세 있게 내리고 있다. 찻집에 걸린 액자에 '秋空一鶴(추공일학)'이란 초서가 있으나, '冬天無量數蝶(동천무량수접)'은 어떨는지?

찻집을 나서니 날은 어둑해졌는데, 선운산가비(禪雲山歌碑)는 눈을 맞아 처량하고, 미당(未堂)의 시비는 친일 탓일런가 허술하기 짝이 없다.

몇 년 전 이야기다. 그날도 한밤중에 이런 눈을 여기서 보았다. 그날 밤 눈이 우리 몰래 오려다가 들켰고, 친구와 나는 밤 깊어 눈이 오는 것을 보고 호텔을 나와 마을 광장에 하얀 눈을 밟으며 선운사로 향했다. 눈 오는 달밤이었다.

선운사의 겨울밤

변산반도를 그려 놓고
쉬러 온 선운사
한밤 눈 오는 소리
눈이 손짓하는 소리

도솔산 위에 스무 사흘 달
아침이면 자취도 없을
흩은 발자국에 담겨 담겨
나그네와 함께 이 밤 지샌다
月白雪白天地白
山深夜深客愁深*

선운사 동백은
붉은 꿈 움켜 쥔 채
해탈 못하는 이승尼僧처럼
가쁜 숨 몰아쉬고
막걸릿집 여자의 육자배기*도
오늘은 들을 수 없어
나그네는
곧 덮여 버릴
눈 위에 발자국만 남긴다

뒤 돌아보는 발자국
어지러운 발자국
하얀 세월에 묻혀 간다

선운산녀는
어디메쯤서
세월이 이리 쌓여도
여태
님 기다리는가

*月白雪白天地白 山深夜深客愁深-김삿갓과 공허스님의 댓구시

*막걸릿집 여자의 육자배기-서정주의 시 〈선운사〉 중에서

—나의 시집 『잡목으로 서서』 중에서

그랬다. 그때는 눈 오는 달밤이었지. 도솔산 위에는 달이 떠서 비치는데, 바로 위에는 검은 구름이 눈을 퍼부었다.

그때 우리는 선운사 올라가는 길을 미친 사람처럼 걸으며 최백호의 '낭만에 대하여'를 목청껏 불렀지만, 한 번도 끝까지 부르지는 못했다. 가사를 다 몰랐기 때문에.

옛날에 우리가 들었던 '산새도호텔'은 관광호텔이 되어 있어 숙박비가 비싸서 옆에 동백호텔에 들었다. 저녁은 '빛고을식당'에서 풍천장어구이와 복분자주를 곁들여 먹었다. 여기 와서는 이래야 구색이 맞는다고 친구는 좋아 했다. 식당

주인이 내일 아침에 도솔암에 차로 데려다 주겠다고 약속했다.

이튿날 아침 여덟 시 반에 식당주인이 약속대로 자기 차로 도솔암까지 데려다 줬다. 여기 몇 번 와도 도솔암은 처음이었다.

도솔암에 가니 마침 mbc촬영팀이 와서 각종 기자재를 내리고 있었다. 크고 작은 차량이 10여대나 되었다. 무엇을 찍느냐고 물으니 드라마 '신돈'을 촬영한단다.

도솔암에 올라서니 바위와 산의 절경이 눈에 들어온다. 건너다보이는 천마봉이 커다란 입을 벌리고 포효하는 것 같고, 돌아서니 마애불상이 늠름하게 바위에 붙어 있다. 마애불상을 새긴 커다란 바위 위가 도솔천 내원궁이란다. 눈이 묻은 108계단을 오르는데 철책 난간을 잡고 억지로 올랐다. 지장보살을 모셔둔 내원궁엔 보살이 마치 빵모자를 쓰고 있는 듯하고, 뒤에는 나한전이 있었다. 계단을 잡고 내려오는 길은 더욱 힘들었다.

쩔쩔매며 내려와 마애불상 앞에 서니, 그 크기의 위력에 내 몸 작아짐을 느낀다. 어느 사진작가인지 사진을 찍다가 비켜 달라고 소리쳤다. 마애불 앞 정정한 소나무가 훤출한 미남 같았으나 마애불상의 위력에 눌린 듯 오히려 작아 보인다.

이 마애불은 고려시대 새긴 것으로 추정하고 있으며, 우리나라에서 가장 큰 마애불이란다. 마애불상 머리 윗부분에 구멍이 여럿 나 있는데, 이는 동불암 암자의 기둥이 섰던 흔적이라 하니, 상상이 잘 가지지 않으나 그것이 사실이라면 이 불상은 동불암을 머리에 이고 있었다고 볼 수밖에 없다. 불상 명치끝 부분에는 검단(黔丹)스님의 비결서가 들어 있었고, 전라감사 이서구가 그것을 여는 순간 천지에 풍우와 뇌성이 진동하여 그대로 닫아 버렸는데, 그 첫장에 '전라감사 이서구가 열어본다' 라고 적혀 있었다고 한다. 뒷날 동학접주 손화중이 비결서를 가져갔다고 전한다. 이 비결서를 끄집어내면 천지개벽한다고 했으니 동학접주가 가져 간 것은, 아마 천지개벽을 바라는 농민들의 마음이었으리라.

눈에 덮인 도솔산 도솔암을 뒤로 하고 내려오는 길은 하얀 눈길이었다. 원래 자갈길인데 눈에 덮여 자갈길인지 포장길인지 분간이 안 갔다. 조금 내려오면 신라시대 진흥왕의 유적이란 진흥굴이 있고, 진흥굴을 이루고 있는 바위 벼랑엔 고드름이 주렁주렁 달려 열을 지었다. 진흥굴 앞에 하늘 높이 선 장사송(長沙松)이라 이름 붙은 이 소나무는 수령이 약 600년이나 된다고 하며, 23m 높이에 가슴 높이의 둘레가 2,95m라고 안내판에 적혀 있다. 지상에서 40cm 높이에서 가지가 8개로 나 있어 반송으로 분류된다고 설명되어 있다.

장사송비(長沙松碑)가 근처에 있는데 거기엔 남편을 애타게 기다리다 숨진 여인의 넋이 극락장생(極樂長生)했다는 전설이 새겨져 있다고 한다.

선운사 도솔암 가는 길

만약 어느 여자에게 이처럼
아름다운 숲속 길이 있다면
나는 그녀와 살림을, 다시 차리겠네.
개울이 오묘한 그녀에게
소리가 나는 자갈길을 깔아주고
군데군데 돌무덤을 예쁘게 쌓겠네.
아침이면 노란 새소리로 풀꽃들을 깨우고
낮에는 이깔나무 잎으로 하늘을 경작하다가
천마봉 노을로 저녁밥을 짓겠네.

가을이 되면 물론 나는
삽살개 한 마리를 데리고 산책하며
쓸쓸한 상상을 나뭇가지 끝까지 뜨겁게 펼치겠지만
모두 떠나버린 겨울에는 그녀를 더 쓸쓸하게 하겠지?

그러나 나는,
그녀를 지키는 장사송(長沙松)으로 눈을 얹고
진흥굴 앞에서 한겨울을 품위 있게 나겠네.
설혹 그녀에게 가파른 절벽이 나타난다 할지라도
나는 그 위에 저렇게 귀여운 암자를
옥동자처럼 낳고 살 것이네.

—김영남 시집 『모슬포 사랑』에서

돌아보고 또 뒤돌아보아도 눈 덮인 도솔산은 말이 없고, 개울물 소리만 이별을 노래하는 듯. 선운사 근처에 내려오니 녹차밭이 하얀 눈에 덮여 서럽다. 저 눈 언제 녹아 곡우에 찻잎 낸단 말인가?

애초에 내소사의 눈을 밟으려던 계획은 눈길에 차편이 마땅찮아 포기하고, 다시 우리는 열차를 이용하여 어제 갔던 길을 되짚어 왔다.

대전에서부터 따라오던 열 이틀 낮달이 부산까지 따라오더니, 부산에서 내리니 밤달로 떴다.

자동차도 가슴을 떨고
—관동여행기

원통한 새 한 마리

중앙고속도로에 차를 올려 북쪽으로 달리면서 우리 세 사람은 벌써 마음이 강원도에 가 있었다. 단양IC에서 빠져나가 월악산을 끼고 충주호 상류라도 보기로 했다. 옥순대교를 건너 휴게소에 차를 세우고 전망대에 올라 거대한 옥순대교의 모습과 월악산, 옥순봉과 어우러진 충주호를 보면서 처음으로 여행의 진수를 맛보기 시작했다. 그러나 아침부터 짙은 안개로 인해 모처럼의 여행이 어쩌면 기분 잡칠 수 있다는 생각을 떨쳐버릴 수 없었다. 충주호 주변부터 안개에 가려 얼굴을 좀처럼 들어내지 않았다.

옥순봉이 옥순(玉脣)과 같이 생겨서 유래했다는 말에 실소를 머금으며, 충주호 상류를 한 바퀴 돌아 단양, 매포를 거쳐 영월로 향했다.

청령포를 지척에 두고 들리지 않을 수 없었다. 우선 늦은 점심을 청령포 앞에서 해결하고 10여m밖에 안 되는 물길을 배를 타고 건넜다.

단종의 애사(哀史)가 깃들인 곳. 단종이 기거한 집과 잘생긴 소나무, 그 중에도 단종이 올라가 놀았다는 관음송, 망향대, 노신대 등을 둘러보며 한 어린 아이의 애달픈 역사를 되새겨 본다. 단종의 시 한 수가 떠오른다.

一自寃禽出帝宮 (일자원금출제궁)
孤身隻影碧山中 (고신척영벽산중)
假眠夜夜眠無假 (가면야야면무가)
窮恨年年恨不窮 (궁한년년한불궁)
聲斷曉岑殘月白 (성단효잠잔월백)
血流春谷落花紅 (혈류춘곡낙화홍)
天聾尙未聞哀訴 (천롱상미문애소)
何乃愁人耳獨聽 (하내수인이독청)

한 마리 원통한 새 궁중을 나와
외로운 몸 외짝 그림자 푸른 산중을 헤맨다.
밤마다 잠을 청하나 잠은 이룰 수 없고
해마다 한을 다하고자 하나 한은 끝이 없네.
자규 소리도 끊긴 새벽 묏부리 달빛만 희고
피 뿌린 듯 봄 골짜기 떨어진 꽃만 붉구나.
하늘은 귀머거리라 슬픈 하소연 듣지 못하는데
어찌해서 수심 많은 내 귀만 홀로 듣는가.

—단종의 「子規樓詩(자규루시)」

한 아이를 이렇게까지 해야 했던가. 돌아 나오는 길가에 갈대는 고개 숙여 있고 서강(西江)은 말없이 흐르는데, 새 한 마리 강가에 앉았다가 날아간다. 단종의 영혼이런가? 후세 사람들은 그 애사(哀史)를 이용하여 돈벌이에 급급하다.

구절리의 밤

청령포를 뒤로하고 38번 국도를 따라 정선 쪽으로 향한다. 안개는 오후가 되어도 걷히질 않는다. 모처럼의 여행, 그것도 이 강원도의 가을을 보기 위해 찾아 왔는데 이 무슨 박복인가.

정선을 지나 구절리로 가는 골짜기로 접어들자 골짜기는 점점 좁아지고 좌우에 단풍이 절경을 이루어 있을 것 같았으나 안개에 가려 아쉽기가 할 말 없었다.

오후 여섯 시가 넘어 구절리에 도착했다.

구절리를 어느 먼 나라의 꿈과 같은 생각으로 와 보고 싶었다. 그러나 꼭 겨울눈이 덮인 구절리를 가고 싶어 몇 년을 별렀는데, 그게 잘 되지 않았다. 할 수 없이 이번에 나선 김에 구절리에 들기로 뜻을 모았다.

옛날에는 구절리까지 기차가 다녔다고 하는데, 워낙 손님이 없으니, 기차는 구절리역 앞 증산역까지만 운행하고, 지금은 증산역에서 구절리역까지는 기차선로를 이용하여 관광레포츠로 레일바이크라는 관광 사업을 하고 있다. 자신의 발로 페달을 밟아 바퀴를 움직여 갈 수 있는 것이란다.

철로도 가다가 끊어진 곳 구절리, 그것마저 이젠 여기까지 기차도 들어오지 않는다. 구절리 역사(驛舍)인 듯한 건물은 레일바이크 사무실로 이용하고 있는 것 같았다. 어두워서 찾아든 구절리가 더욱 쓸쓸하게 느껴진다. 그래도 전기는 들어와 희미한 외등들이 밤을 살라먹고 있었다.

우리보다 먼저 온 관광객들 몇이 차를 돌려 돌아나가고 있었다. 우리도 돌아나가려다가 여기서 민박집을 알아보기로 했다. 마을을 돌아보니 '민박'이란 간판이 몇 있었으나, 이왕이면 식사까지 해결되는 집을 찾아 '대운식당'을 찾아들어간 것이 6시 40분이었다. 방을 정하고 저녁을 먹어야 했다.

마당에 김치를 담기 위해 저린 배추가 쌓여 있었다. 요즘 김치 파동으로 시끄러운지라, 식당에서 김치에 통 젓가락이 가지 않았는데, 여기서는 마음 놓고 김치를 먹어도 되겠구나 생각하고, 주인이 권하는 대로 곤드레밥이라는 것을 주문해 먹었다. 쌀에 취나물을 섞어 지은 밥이다. 늦은 저녁인데다가 맛있는 된장찌개, 금방 절인 김치가 입맛을 더욱 돋구었다.

50대 후반인 듯한 부부와 갓 결혼한 딸의 후한 인심에 객수를 달랠 수 있었다. 식당이라고는 하지만 이 깊은 산골의 인심은 변하지 않은 듯.

저녁을 먹으면서 이 집 딸에게 구절리에 관한 것을 물어보곤 했다. 아가씨는 우선 저녁에 오장폭포에 가보라고 했다. 결혼한 지 석 달이라는 새악씨지만 아가씨 태를 못 벗어난 듯하여 그냥 아가씨라 불렀다. 저녁에 무슨 폭포를 구경하느냐니까, 거기 불을 밝혀 야경도 볼 만하다고 해서 1km쯤 떨어진 골짜기로 차를 몰았다. 캄캄한 밤 좁은 골짜기로 들어감에 마치 자동차가 터널을 빨려 들어가는 느낌이었다. 골짜기는 점점 좁아지는 것 같더니 푸른 불빛이 보이는 다리가 있었다. 오장3교였다. 전기 조명이 되어 있었고 다리 위를 아치형으로 만들어 푸른 전깃불이 비치도록 되어 있었다. 그 옆 산 절벽에 희미하게 드리워진 긴 실타레가 있었으니 그것이 폭포였다. 어두워서 잘 보이지는 않았지만 우선 그 길이에 놀랐다. 밝은 날 다시 오기로 하고 돌아 나왔다.

밤늦도록 우리는 화투놀이를 하다가 밖을 나왔다. 사달산 위에 스무 사흘 하현달이 미인의 눈썹 같이 붙었다. 멀리 떨어진 집에서 개가 짖는다. 내 발자국 소리를 듣고 짖는지 저 눈썹달을 보고 짖는지. 개 짖는 소리가 어쩐지 걸걸한 것 같다. 짖을 일이 없다가 처음 목청 다듬는 소리 같다. 갑자기 구절리의 밤이 개짖는 소리로 시끄러워진다. 구절리 골짜기로 한참을 걸었다. 사방은 어둠에 싸여 있는데 개울물 소리가 희미하게 들린다. 한 많은 여인의 넋두리 같다. 이향지 시인의 시가 떠오른다.

구절리의 바람소리

벽지를 걷어내고

합판을 뜯어내고
창틀에 박힌 못을 뽑아버리고
맞아들일 것인가 저 바람의 알몸을

저 바람엔
돌이키면 게워낼 수 없는 컴컴함이 배어 있다
다락산 노추산 상원산의 희디흰 탄식이 녹아 흐르고 있다
몇 안 남은 붙박이별 뿌리를 흔드는 삽자루가 들려 있다
늘어만 가는 빈집들의 방이며 뜨락을 사람 대신 채워보는
곡소리가 묻어 있다
달 높이에 가로등을 매달고 싶어했던 철새들의 거세당한
깃털들이 우왕좌왕 떠 있다

손을 씻어 본다
발을 닦아 본다
거울 속의 얼굴을 도닥거려 본다
이불을 덮어 쓴다

구절리는 못 떠도 메주들은 잘 떠서
검고 푸른 홀씨들을 구절리 밖으로 날리는 밤

—이향지 시집 『구절리 바람소리』에서

밤 늦어 방에 들어 이불 펴고 누우니 밤하늘에 혼자 있을 달이 측은하게 느껴졌다. 늦은 밤이라 혼곤히 잠에 빠졌다.

이튿날 아침 7시가 되어서 잠에서 깨었다.

밖으로 나갔다. 나는 어젯밤 늦어, 둘러보지 못한 마을을 둘러보고 노추산 옆 사달골로 들었다. 사달골 개울가의 단풍이 따갑다. 못 살겠다 내사! 구절3리 끝까지 가서 아침부터 밭에 나와 일하는 농부와 짧은 대화도 나누고 가을 기분을 한껏 맛보고 내려왔다. 내려오다 3거리에서 다시 오장폭포로 차를 돌렸다. 어제 밤에 본 폭포가 환상적이었던 것을 생각하고 얼른 또다시 보고 싶어진 것이다.

낮에 보는 오장폭포는 또 다른 절경이었다. 안내판을 보니 폭포의 총길이가 209m나 되고 수직 높이가 127m라 한다. 노추산 정상 부근에서 발원 한다고 한다. 아마 우리나라에서 가장 긴 폭포일 것이다.

노추산 정상 부근에는 설총(薛聰)과 이이(李珥)가 여기 와서 수도했다는 이성대(二聖臺)가 있다고 하나 올라가 볼 수 없는 일이라 아쉽기만 했다.

자동차도 가슴을 떨고

9시가 되어 구절리를 뒤로 하고 길을 나섰다. 구절계곡(노추산계곡, 송천계곡)을 지나 오대산으로 들어가기로 하고 오장폭포가 있는 골짜기로 들었다. 폭포를 지나 얼마쯤 가니 길은 돌멩이가 어지럽게 흩어진 비포장도로였다. 이 개울을 송천이라 했다. 송천은 오대산에서부터 흘러 우리가 묵은 구절리를 지나 정선 아리랑의 발상지 아우라지에서 임계천과 합친다.

계곡을 따라가는 길이 가다가 끊어지는 것이 아닌가 걱정되었다. 지도를 꺼내 보니 '승용차 통행불가'란 빨간 글자가 써져 있었지만, 미리 길을 물어놓은 터라 큰 걱정은 하지 않았다. 지도에도 없는 비포장 길은 8km 정도 이어지고 골짜기는 한없이 긴 것같이 느껴졌다. 푸른 계곡물, 양쪽 산에 아무렇게나 처바른 듯한 붉은 물감, 가다가 서고 가다가 서고, 산의 붉은 잔치가 발목을 잡는다. 자동차도 감동했는지 가슴을 심히 떤다. 오른쪽 산이 노추산(1322m)이고 왼쪽 산이 다락산(1018m)이다.

이 골짜기를 벗어나면 강릉시 왕산면 대기리다. 대기리 앞쯤에선 계곡이 좀 넓어지는 듯, 그러나 한없는 단풍은 여기서도 사람을 놀라게 한다. 최남선의 금강산 기행에서던가. '앞에도 단풍 뒤로 돌아보니 뒤에도 단풍, 가도 오도 못하고 그 자리에 섰다'는 내용의 글이 떠오른다.

닭목령〔鷄項嶺〕이란 이정표가 서 있다. 아마 고개가 닭목과 같아서 붙인 이름이리라. 닭목재를 넘어가면서 우리는 단풍에 이미 몸도 마음도 발갛게 물들었다. 한 친구는 연방 눈물 난다고 했고 나는 연방 미치겠다고만 했다. 얼마 전 뉴질랜드와 호주 등지를 여행하고 옛날에 유럽도 여행한 바 있는 친구는 어디 가 봐도 이렇게 좋은 곳은 못 보았다고 연방 감탄했다.

어느덧 강릉저수지 옆을 지나 대관령 구도로에 들어섰다. 아흔 아홉 굽이라는 대관령고개, 지금이야 대관령 터널을 차들이 달리겠지만 우리는 굳이 이 아흔 아홉 굽이를 택했다. 여기서도 단풍은 말할 수가 없었다. 대관령 막바지 고개에 차를 세워서 강릉 시가지를 멀리 본다. 사임당(師任堂)이 이 길 넘어 서울로 가면서 친정어머니를 생각하며 지었다는 시 한 수가 생각난다.

慈親鶴髮在臨瀛 (자친학발재임영)
身向長安獨去情 (신향장안독거정)
回首北村時一望 (회수북촌시일망)
白雲飛下暮山青 (백운비하모산청)

백발의 어머님 강릉에 두고
이 몸은 장안을 향해 홀로 떠나는 정이여,
북쪽 마을로 머리 돌려 때때로 바라보니
흰 구름 나는 아래 저무는 산만 푸르구나.

—신사임당의 「泣別慈母〔읍별자모)」

'대관령 옛길'이란 팻말이 서 있는 것을 보아 저 길로 사임당은 지나갔으리라.

횡계를 지나 구도로로 내려 가다가 오대산 쪽으로 들어섰다. 우리는 월정사를 옆에 두고 상원사로 향했다. 상원사에 이르니 주차장에 차를 댈 곳이 없다. 만차 상태였다. 억지로 길가에 차를 세우고 상원사에 올라갔으나 시장바닥 같은 절집이 싫어 얼른 나오고 말았다. 상원사 골짜기의 단풍은 이미 한 물 가고 있었다. 그런데 웬 사람들이 여기 이렇게 몰려온단 말인가? 도대체 이해가 가지 않는다. 월정사도 마찬가지. 얼른 빠져 나왔다. 월정사 앞 식당가에 있는 '산촌식당'에서 때늦은 점심으로 비빔밥을 먹었다. 오후 2시였다.

진부IC로 차를 올려 횡계IC로 나와 다시 구도로로 대관령을 넘었다. 여기서 왕산교까지는 좀 전에 왔던 길이었다.

오늘은 태백까지 가기로 하고 한가한 길을, 지도를 보고 찾아간다. 35번 국도를 따라 얼마쯤 가니 삽당령(揷唐嶺)이란 고개였다. 삽당령 고개를 북쪽에서 오르는 길 양쪽 산은 오늘 본 송천계곡이나 닭목령이나 대기리의 단풍보다 한층 높은 수준의 단풍이었다. 우리는 차를 세우고 계곡을 내려다 보면서 말을 못했다. 가끔 한숨 같은 감탄만 발할 뿐이었다.

가을 삽당령揷唐嶺에 서서

도대체 발걸음을 옮길 수 없구나
풍만한 여인의 달아오른 나신들
누가 이 백두대간에다 세웠더냐
너는 내 앞에 섰다가
내가 눈이 부셔 뒤로 돌아서면
어느새 또 내 앞에 서고
내가 옆으로 돌아서면

어느새 또 내 앞에 서네
앞에도 뒤에도 그리고 옆에도
달아오른 심장 같은 핏물이 지천으로 뿌려져 있어
내 너를 두고 떠날 수가 없구나
어머니 깊은 숨소리 같은 너의 목쉰 피울음
어이하란 말이냐
나 여기 이대로 너처럼
소리 없는 붉은 함성으로 언제까지 서 있으랴
언제까지 서 있으랴
이 피묻은 절정에

—미발표시

삽당령 고개에 올라섰다. 안내 표지판을 보니 여기서 서쪽이 우리가 넘어온 닭목령이고 동쪽이 석병산이다. 이곳 삽당령은 해발 680m라 적혀 있었다. 백두대간을 자동차로 넘게 되는 셈이다.

백두대간의 자궁

계속 남쪽으로 내려오다가 태백시에 가까이 와서 미동초등학교 근처에서 우회전하여 검룡소(劍龍淵)를 찾아 들어간다. 검룡소는 한강의 발원지로 알려져 있다. 5시 10분에 검룡소 입구 주차장에 닿았다. 차를 세우고 걸어서 검룡소를 찾아 산골짜기로 올라갔다. 1km쯤 걸어 들어가야 했다. 전나무들이 늘어 서 있었다. 걸어 들어가면서 오른쪽이 대덕산((1307m) 왼쪽이 금대산(1418m)이다.

어둠이 슬슬 내려오기 시작한다. 대덕산 붉은 단풍이 어둠을 맞아 검게 물든다. 하늘을 배경으로 한 능선의 나무가 마치 성근 나무 울타리 같이 도열해 있다. 죽죽 뻗은 전나무 길을 싱싱한 공기를 들이키면서 걸어가는 정취도 정취려니와, 한 바탕 쑥대밭 옆으로 지나가니 한약 다리는 냄새가 난다.

검룡소는 생각보다 보잘 것 없었다. 두어 평밖에 안되는 물웅덩이다. 푸른빛이 도는 돌 밑에서 물이 솟아나고 있었다. 우리는 차례로 엎드려 물을 벌컥벌컥 들이켰다. 한강을 마신 것이다.

검룡소에서 내려와 곧장 태백 시가지를 관통해서 태백산 밑 당골 민박촌으로 갔다. 민박집이 상가처럼 늘어 있어 어느 집에 들어야 할지 망설여졌다.

한 집이 눈에 들어왔다. "할머니 손맛 태백산뜨락"이란 간판이 붙어 있어 그 집으로 들어갔다. '할머니 손맛'이란 말에 이끌린 것이다. 우리는 이 집에서 일박한다.

태백산 공기를 마시며 일어나 산을 바라본다. 밝은 태양에 적당히 익은 단풍이 노란빛을 가미한 붉은빛으로 햇살에 빛난다. 원래는 태백산 등산을 할 작정이었으나 오늘까지 집에 들어가야 하므로 등산은 포기했다.

아침밥을 먹고 황지(黃池)로 갔다. 황지는 시가지 한가운데 있고 낙동강의 발원지로 알려져 있다. 황지는 옛날에 와

본 적이 있는데 그때와는 사뭇 달랐다. 많이 단장을 하고 보호하고 있었다. "낙동강 1300리 예서부터 시작되다"라고 새긴 비석이 낙동강 발원지임을 말한다. 하루 5000톤의 물이 솟아난다는 것이다. 파란 물이 파란 하늘과 나무그늘을 담고 철철 흘러넘친다.

검룡소나 황지뿐 아니라 태백에는 곳곳에 솟아나는 샘이 있다. 그리고 그 샘들이 한강이나 낙동강의 발원지가 되니, 어쩌면 태백은 백두대간의 자궁이다. 거기서 생명이 솟아나는 것이다. 물은 생명이다.

낙동강의 발원지설은 그 외에도 있다. 태백 시내를 관통하는 시내가 황지천인데, 이것이 낙동강이 되는 것이니 황지천의 발원지가 낙동강의 발원지가 되는 셈이다. 황지천은 더 북쪽 싸리재에 너덜샘이라는 샘에서 내려온다.

우리는 너덜샘을 찾기로 했다. 그러나 차를 달리다 보니 싸리재 터널이 나온다. 터널 입구에서 물으니 터널이 뚫리면서 옛날 싸리재 길은 없어졌단다. 북쪽에서 올라가는 길이 있으나 차에서 내려서도 3,40분을 걸어 들어가야 한다니 이번 기회는 포기할 수밖에 없었다.

또 하나의 낙동강 발원지설은 용정(龍井)설이다. 태백산 정상 근처에 만경사라는 절이 있고, 그 절 경내에 용정이란 샘이 있는데, 이 물이 지하로 들어가 황지에서 나온다는 것이다.

거기 가자면 태백산 등산을 해야 하니 이것도 다음 기회로 미루는 수밖에 없었다.

내 마음 속에 낙동강을 안은 지 십 수년, 낙동강 1300리를 도보로 탐사한 사람도 있지만 이 나이에 걸어서는 못가더라도, 자동차로라도 답사하며 강마을 산마을을 돌아보고 싶었다.

혼자 생각한 지 10여년이 넘어 그 동안 자료도 수집하고 걸어서 답사한 사람의 책도 읽으며 나름대로 그 도정을 그리기까지 했다. 낙동강 사진 큰 것 하나를 구해 액자에 넣어 내 거실 벽에 걸고 날마다 쳐다보곤 했다. 사정이 허락한다면 태백에서 한 사나흘 머물면서 싸리재 너덜샘, 용정 등을 다 둘러보고 싶지만 뜻대로 되지 않았다.

너덜샘이나 용정 답사를 포기하고 나니 오히려 마음이 홀가분해졌다. 그러고 보면 내가 거기에 상당히 집착하고 있었던 것 같다.

태백시가지를 벗어나 남쪽으로 향한다. 태백에서 조금 내려오면 구문소라는 소(沼)가 있는데, 이것을 찾으려고 열심히 길가에 안내판을 살폈으나, 내려오다 보니 봉화군 군계 표지가 나온다. 구문소를 지났음이 분명하다. 차를 돌려 기어이 구문소를 찾는데, 한참을 헤매었다.

알고 보니 구문소 일대에 관광단지를 조성하느라 안내판도 없애버리고 포크레인이 근처에서 요란한 소리를 내고 있었다. 그러나 그냥 지나치기엔 아쉬움이 남는다. 근처에 차를 세우고 구문소를 둘러보았다. 황지천이 바위를 뚫고 나가면서 생긴 소다. 시퍼런 물이 고여 있었다. 황지천이 구문소에서 숨을 돌려 쉬었다가 낙동강으로 변신하는 곳이란 생각을 했다.

자동차도 걸어간다

남쪽으로 내려온다. 곧 경상북도 봉화군 석포면이다. 거기까지는 낙동강을 따라온 셈인데 경북 땅에 들어서자 찻길은 잠시 강과 헤어진다.

우리의 다음 목표는 청량산이었다. 청량산 가는 길을 찾아 내려오는 길에 오른쪽에 청옥산이 있고 청옥산 자락을 따라 오다가 보니 "청옥산 자연휴양림"이 있었다. 거기에 들어가 보기로 하고 숲길을 따라 내려갔다. 입구 안내소에 물으니 차로 한 바퀴 둘러 구경하고 가라고 친절히 일러주었다. 걸어서 간다면 시간이 허락하지 않으니 어쩔 수 없이 차로 숲길을 한 바퀴 돌았다. 개울물 소리에 붉은 단풍이 배시시 웃고 있고, 숲속 길에 낙엽이 쌓이고 또 떨어지고 있는 중이었다. 차로 가기엔 미안한 생각이 들었으나 어쩔 수 없으니, 차도 낙엽 지는 길을 달리지 않고 걷고 있었다.

넛재, 소천(현동), 노루재, 황새마을을 지나 호랑이가 나왔다는 참나무재 범바위에서 쉬고 명호교를 지나 청량산 입구에 닿았다. 시간은 1시 40분을 가리키고 있었다.

작년에도 와서 점심을 먹은 적이 있는 '청량산식당'에서 점심을 먹었다. 송이의 고장이니 맛이나 보고 가야 한다면서 송이 한 접시를 시켰다. 송이를 시켰으니 소주 생각이 간절했으나 운전을 해야 하니 소주로 입안만 축이고 말았다.

청량산 계곡으로 들어갔다. 여기도 사람이 많을 뿐 아니라 단풍도 별로였다. 그러나 언제 보아도 저 산세만은 기묘하고, 더구나 청량사에 올라가면 더욱 기기묘묘하지만 나오고 말았다. 퇴계선생의 청량산가(淸凉山歌)가 생각났다.

淸凉山(청량산) 六六峰(육육봉)을 아는 이 나와 白鷗(백구)
백구야 喧辭(훤사)하랴 못 믿을 손 桃花(도화)로다.
도화야 뜨지 마라라 魚舟子(어주자) 알까 하노라.

그때는 그랬으리라. 그러나 지금은 청량산이 시장바닥이다.

육육봉 발부리를 적시고 휘돌아 나가는 낙동강을 따라 안동 쪽으로 향한다. 오는 곳곳에 도산서원의 안내 표지판이 유혹했으나 우리는 기어이 도산서원은 들리지 않은 채 남안동IC로 차를 올려 아쉬움을 남긴 채 내려왔다.

제 5 부

그 찢어진 가을
일제강점기 면사무소 박서기
일제인간(日製人間)
시대를 달리하는 두 문필가
어느 소설가에게
낙동강생명문화축제 유감

그 찢어진 가을

6.25때 우리 가족은 거동 못하시는 할머니로 인해 멀리 피난 가지 못하고, 전쟁터 근처에서 헤매다가 10박 11일만에 집에 들어가 약 2개월간 인민군 치하에 있었다.

인민군이 물러가고 국군과 유엔군이 우리 마을을 진격해 들어온 것은, 아마 9.28 수복 이후이었을 것이다. 그러니 멀리 피난 갔던 마을 사람들이 마을에 다시 돌아온 것은 주로 그해 10월 초쯤이었을 것이다. 마을 사람들의 이야기에 따르면 멀리 간 사람은 청도까지 갔었고, 그 외는 거의 경산 등지까지 갔었던 것으로 들었다.

인민군 점령 하에서 대략 두 달 동안 마을에서는 어떤 일이 일어났을까? 마을에 남아있었던 집 수는 대략 열 집 중 한 두 집이었을 것이다.

우선 마을에 동인민위원장과 동서기가 나왔다. 어떻게 선출되었는지는 잘 모르지만, 아마 그 당시에는 글자를 아는 사람이 적었던 터라, 마을에 남아 있는 사람 중에서 글자를 아는 사람을, 면인민위원회 같은 데서 임명한 것이 아닌가 생각한다. 그 사람들이 그 전에 공산주의 활동을 한 사람이거나 이른바 '빨갱이'라는 이야기를 듣지 못했기 때문이다. 어쨌든 이 두 사람이 중심이 되어 마을 일들을 처리해 나간 것으로 안다.

우선 토지 개혁을 한답시고 밤에까지 호롱불을 켜 놓고 몇 사람이 모여 앉아 머리를 맞대고, 마을 전체 토지에 대해 분배 작업을 한 것이다. 저녁이면 비행기 폭격을 염려하여 문에다가 홑이불을 쳐서 불빛이 밖으로 새어 나가지 않게 하고 작업하였다. 우리 옆집 빈 집에서 했기 때문에 알고 있다. 어디서 나온 사람인지 모르겠으나 낯선 사람도 있었다. 그런 작업들이 간간이 새어나와 어른들끼리 하는 말을 들은 적이 있다. 우리 논은 누구에게 넘어간다느니 또 누구의 밭은 어떻게 된다느니 하는 따위 이야기였다.

또 한 가지 일은, 마을 사람들이 피난을 나가면서 가지고 나가지 못하고 숨겨 놓은 옷가지나 귀중품들을 찾아내어 마을 창고에 보관하는 일이었다. 가져가지 못한 것은 주로 뒤안 같은 데다 땅을 파고 독을 묻어 그 속에 넣고 흙으로 덮어 두었는데, 이것을 거기에 두면 도둑을 맞거나 잃어버린다는 이유로 파내는 일이었다.

아버지께서는 이런 일을 몹시 못마땅해 하셨다. 각자 집에 몰래 묻어 둔 것을 왜 굳이 찾아서 파내느냐는 것이다. 아버지께서는 아침밥을 드시면 삽을 메고 들로 나가시어 큰못의 못물을 놓아, 여러 사람들의 논에 골고루 물을 대어 벼가 자라도록 하는 일에 모든 시간을 보내셨다. 그래서 주인이 없이도 두 달 동안 벼는 자라, 가을이 되니 역시 벼가 익어 온 들이 황금 들판이 되었을 때쯤 마을 사람들이 들어온 것이다. 주인 없이도 잘 익어 있는 벼에 모두들 고마워했을 것으로 본다.

하루는 아버지께서 산기슭에 앉아서, 몇몇 사람들이 건너마을 빈 집을 뒤져 숨겨 놓은 물건을 찾아 파내는 것을 보시고, 저녁 상머리에 앉아서 크게 탄식하시는 것을 들었다.

나는 피난 나간 친구 집엘 갔더니, 친구가 사용하던 책이며 공책들이 온 방에 흩어져 있어, 그것을 전부 주워서 궤짝 속에 넣고, 친구를 그리워하는 동시를 지어 맨 위에 얹어 둔 기억이 난다. 나중에 친구가 돌아와서 그 동시를 보고 고맙다고 인사를 하기도 했다.

두 달여 만에 친구들을 만나게 되었다.

나는 동네 어귀에 나가 마을 사람들과 친구들이 돌아오는 것을 맞이했다. 피난살이에 지친 사람들이 이제 보금자리를 찾아오고 오랫동안 지친 몸을 풀기도 했을 것이다. 이제 마을은 옛날로 돌아가는 듯했다.

그러나, 역사는 그리 간단치가 않았다. 집에 돌아온 사람들이 집에 와서 숨겨둔 물건들을 찾으니 거의 없어졌을 것이다. 우선 집이 그 동안 비어 있었으니 일차로 인민군이 들어오면 빈집을 뒤지기도 하고, 또 남아 있었던 사람들도 더러는 몰래 밤에 빈 집을 뒤졌을 수도 있었으리라. 그러나 공식적으로는 동인민위원회에서 물건을 수집해서 마을 창고에 보관한 것도 있었는데, 이것은 국군이 진격하기 직전 유엔군의 폭격으로 창고가 불타버렸으니, 보관 중이던 물건들도 다 타버렸음은 말할 것도 없다. 이래서 마을에서는 우선 피난을 가지 못하고 남아 있었던 사람(이들을 비피난자라 했다)을 의심할 수밖에 없었을지도 모른다. 그래서 마을에서는 청년들이 중심이 되어 비피난자들을 불러놓고, 가져간 물건들을 내어 놓으라고 했다. 말로만 한 것이 아니고 고문이 시작된 것이다.

몇 뜸으로 이루어진 우리 마을에, 저녁마다 이 마을 저 마을 돌아가면서 비피난자들을 고문하였다. 비피난자들은 전부 도둑이 된 셈이다. 피난자들의 득세란 이루 형언할 수 없었다. 하기야 고향집을 두고 몇 백리 떨어진 낯선 곳에 가서 온 가족이 노숙하고 지냈고, 때로는 구걸까지 했을 테니, 그 앙갚음이야 당연히 어디에고 풀고 싶었을지도 모르겠고, 거기에 비해 비피난자들은 집에서 편안한(?) 생활을 했을 것을 생각하면 속도 상했으리라. 그렇잖아도 위축되어 있던 비피난자들은 인민군 부역자로, 도둑으로, 또는 사상범으로 의심을 받고 몰렸다.

저녁마다 비피난자를 차례로 불러 길바닥에 꿇어 앉히고, 서까래 나무를 오금에 끼워서 양쪽에 올라서서 누르고, 웃옷을 벗겨 자전거 튜브로 등을 후려치면서 가져간 것을 내어놓으라고 윽박지르고, 또 누가 의심스러운 짓이 있었으면 실토하라고 족쳤다. 낮에는 주로 들에서 일을 하고 밤만 되면 그런 고문은 이어졌다.

드디어 내가 사는 국골 마을에 오는 날 저녁이었다. 어머니는 나에게 '너도 맞을 각오를 하라'시면서 겨울 핫옷을 속에 입히셨다. 아이이니 옷까지 벗기겠느냐면서, 위에 매로 때리더라도 덜 아프게 하려 한 것이었다.

나는 핫옷을 끼어 입은 채 우리 집 담 밑에 쪼그리고 앉아 벌벌 떨고 있었다. 바로 우리 집 앞길에서 고문이 시행되었다. 비피난 어른들이 주로 끌려나와 고문을 받는 비명이 들렸다. 그러더니 드디어 아버지의 비명 소리가 들렸다. 어린 나이였지만 가슴이 갈갈이 찢어지는 듯했다. 나는 더욱 두 다리를 후들후들 떨었다. 다행히 아버지의 비명 소리는 두어 차례로 끝났다. 나는 나를 언제쯤 부르려나 하고 떨고 있었다. 다행히 나를 부르지는 않았다.

이 과정에서 더러 밝혀진 것도 있었는지 지금 나는 알지 못한다.

아버지는 마을 사람들이 그 성품을 잘 알고 있었을 테고, 또 그 해 마을 농사를 아버지가 다 짓다시피 한 것을 알고 있었을까? 그러나 비피난자가 다 당하는데 아버지만 그냥 둘 수 없었던 것이리라. 그래서 가볍게 끝나는 혜택(?)을 받은 셈인지 모르겠다. 비명 소리는 밤하늘을 찢어놓고 마을 골짝골짜기에 귀신처럼 기어올랐다.

피난자와 비피난자, 비피난자끼리의 헐뜯음, 잃은 자의 한풀이, 이런 일로 마을은 산산 조각이 났다. 이웃은 원수가 되기도 했을 수도 있으리라. 세월이 오래 지나 잘 모르지만 이런 고문은 거의 한 달 가까이 계속된 것으로 기억한다.

멀리 피난한 사람들은 현지에서 피난증을 받아 왔다. 그 이후 비피난자는 어디 가서 큰 소리 한 번 쳐보지 못했다. 비피난자에 대한 조사는 시장 같은 데서도 검문하면서 행해졌다. 그러므로 비피난자는 장날이 돼도 장에도 마음 놓고 갈 수 없었다.

어느 날 아버지께서는 피난증을 하나 가져 오셨다. 물론 남의 이름으로 된 것이었다. 그것으로 시장에 마음 놓고 다니실 수 있었는지는 잘 모르지만, 하도 조사가 심하니 어디서 돈을 주고 사 온 것으로 추측된다.

학교가 문을 열어 학교에 갔더니, 선생님 중에도 비피난자가 있어 고개를 떨구고 있는 모습을 보았다. 그 뒤 그런 선생님은 학교에서 곧 보이지 않았다. 학교를 그만 두었다는 소문이 퍼졌다. 빨갱이라는 것이었다.

민족의 비극, 다시는 그 찢어진 세월은 제발 없었으면 좋겠다.

일제강점기 면사무소 박서기

어제가 아버님 기일(忌日)이었다. 하필이면 한 여름에 돌아가셔서 해마다 기일이 되면 음식 장만하는데 큰 어려움을 겪는다. 어제는 여럿이 모인 가운데 농담 한 마디 했다. 나는 여름에는 죽지 않겠다고. 자식들이 이 더운 날에 제사 준비하느라 얼마나 고생하겠느냐고. 우리 아버지도 몇 달만 더 참았다가 좋은 계절에 돌아가셨더라면 얼마나 좋겠느냐고.

죽는 날을 자기가 선택할 수 있다면 그렇게 하고 싶다. 그러나 어찌 그 날짜를 내 마음대로 선택할 수 있으랴. 아니, 그래서 아버지께서는 좋은 봄날 가시려고 시도하셨는지도 모르겠다.

나는 광복이 되던 해 국민학교 1학년이었다. 그러니, 나는 유년 시절을 거의 일제 때에 보낸 셈이다. 어린 나이였지만 나는 그때 일본 놈들이 우리 농민들을 얼마나 어떻게 수탈해 갔는지 직접 눈으로 보았다. 나는 역사를 연구한 역사학

자도 아니고, 그 시대 국가적인 관계나 일본 강점에 따른 우리의 피해 같은 것을 연구하거나 조사해 보지도 않았다. 다만 어린 시절이긴 하지만 어렴풋이 기억하는 당시의 상황들을 떠올려 보려 한다.

일제 말기에 농민을 수탈하는 한 가지가 이른바 공출(供出)이라는 것이었다. 어느 자료를 보니 1939년부터 일본이 군량미를 확보하기 위하여 행해졌다고 한다.

농민들이 땀 흘려 농사를 지어 놓으면 그 곡식을 빼앗아 가는 것이었다. 수확을 앞둔 시기에 면서기(面書記)인지 누구인지 모르겠으나, 온 들판을 돌아다니며 일일이 수확량을 측정하고 거기에 따라 집집마다 바쳐야 할 공출 할당량을 정하는 것이었다. 농민들은 그렇찮아도 가난한 살림에 곡식을 공출로 빼앗기고, 또 지주에게 빼앗기고 나면, 가을이 가기 전에 양식은 떨어지고 만다. 그러고 나면 양식을 마련하는 일이 농촌에서 가장 큰 일이었다. 그야말로 초근목피(草根木皮)로 연명하는 셈이었다.

봄, 여름이 되면 마을 사람들은 산나물을 뜯으러 먼 산까지 갔다. 또 소나무의 껍질을 벗겨내고 송기(松肌)를 벗겨 먹었다. 소나무 겉껍질을 벗겨내면 속껍질이 있는데 이를 송기라 했고, 이것을 벗겨서 송기떡을 만들어 먹었다. 요즘 같으면 무슨 건강식품쯤으로 생각할 수 있겠으나 그 당시엔 식량 대용이었다. 지금도 가끔 큰 소나무를 보면 둥치 중간 부분이 껍질이 벗겨진 채로 살아 있는 것을 볼 수 있다. 그 시절의 상처인 것이다.

공출은 이렇게 미리 매겨진 수량에 따라 바쳐야 하는데,

대부분의 농가에서는 그것을 감당할 수가 없다. 때로는 수확량보다 공출이 더 많이 매겨지는 일도 있지 않았나 싶다.

이 공출을 할당된 수량대로 내지 못하면 면에서 면서기가 나와 숨겨둔 곡식을 찾으러 집집마다 돌아다니며 뒤진다. 농민들은 조금 남은 양식거리를 숨기지 않으면 다 빼앗기게 된다. 이래서 마을에는 면서기가 공출 뒤지러 오는 날은 한바탕 난리가 난다. 농민들은 곡식을 숨기고, 면서기는 숨겨 놓은 곡식을 찾아내곤 한다. 이 과정에서 면서기는 농민들을 구타도 하고 발로 차기도 하면서 곡식을 내놓으라고 윽박지른다.

곡식은 주로 나무더미 속에 감추거나 땅속에 파묻기도 하는데, 때로는 장농 안에다 숨기기도 한다. 또 곡식을 짊어지고 산골짜기로 가기도 했다.

경상북도 의성군 비안면 면사무소 박서기, 나는 그를 잊지 못한다. 그는 우리 이웃마을 사람이다. 어느 핸가 공출을 뒤지러 와서 우리 집 안방까지 흙 묻은 구두발로 들어가서 장농 안의 옷가지를 마구잡이로 꺼내 흩어버리고, 그래도 곡식이 나오지 않자 장갑 낀 주먹으로 아버지를 마구 때렸다. 아버지는 그 앞에서 두 손을 싹싹 비비며 용서(?)를 빌었다. 나는 그 때 그 모습을 잊지 못한다.

수탈해 가는 것은 곡식뿐 아니었다. 목화도 거둬가고 심지어는 집집마다 놋그릇도 빼앗아 갔다. 목화는 군복을 만들기 위한 것이었고, 놋그릇은 탄환을 마들기 위한 것이었으리라. 한번은 목화를 안방 아랫목에 숨겨 놓고 그 앞에 홑이불 같은 것으로 보이지 않게 걸어 두었다가 이것을 면서

기한테 들킨 일이 있다. 그 때도 아버지께서 면서기한테 맞았다.

놋쇠로 만든 모든 것을 다 거둬가고 마지막에는 놋그릇까지 거둬 가는데, 마을에 놋그릇을 반장집 마당에 모아 놓고 찌그려뜨리며 장난하는 것을 보았다. 우리 집에는 마지막으로 할아버지 할머니의 놋밥그릇을 가져갔다.

실제 일제 말기엔 전쟁에 쓸 물자가 부족하여 있는 대로 거둬 갈 뿐 아니라, 비행기에 사용할 기름이 모자란다며 내가 국민하교에 다닐 적에는, 국민학교 1학년 학생들까지 동원하여 산에 관솔을 따러 갔다. 관솔이란 소나무 가지를 베어낸 자리에 송진이 묻어나는 고뱅이(옹이)를 말하는데, 가마니를 메고 산에 가서 이것을 베어다가 학교에 가지고 갔다. 우리 학교에는 광복 후에까지 운동장 가에 관솔 더미가 집채처럼 쌓여 있었던 것을 기억한다.

요즘 과거사 청산에 관한 이야기가 정계에서 분분하다. 나는 그들(정치가)이 하는 일에 왈가왈부할 생각은 없다. 자칫하면 나도 속된 정치적인 이익집단의 어느 한 편에 설 가능성이 있기 때문이다. 그렇게 되면 나의 생각도 그들처럼 정략적 발상에 그칠 가능성도 있기 때문이다. 나는 그런 것에 별 흥미가 없다. 다만 이것만은 언제 해도 꼭 해야한다는 생각이다. 그것이 역사의 정리다. 얼룩진 역사를 정리하지 않으면 후손에게 또 하나의 못난 선조가 되는 것이다. 역사의 정리 중에도 나는 다른 시대의 일은 잘 모른다. 다만 일제 강점기 때, 내 눈으로 보았으니, 이것만은 청산해야 되겠다는 생각이다. 그래야 우리가 후손에게 물려줄 교훈이 되지 않겠는가?

어떤 사람들은 지금 그것을 할 때가 아니란다. 광복된 지 60년이 지난 지금 이 일을 하지 않으면 언제 하자는 것인가? 아니면 하지 말고 영원히 덮어두자는 것인가? 광복 후에 하지 못한 결과가 어떠했는가를 모른단 말인가? 일제 강점과 관계되는 교훈을 무엇으로 후손에게 주자는 것인가? 나라를 팔아먹은 사람은 잘 살더란 교훈을 남겨 주자는 것인가? 친일해야 그 후손들이 잘 살고 출세도 계속한다는 교훈을 남겨줄까? 나라와 민족을 위해 피땀 흘려 일제에 항거한 독립 운동가는 후손이 셋방 살게 된다는 교훈을 남겨 주자는 말인가? 참으로 안타깝고 참으로 한심한 일이 아닐 수 없다. 참으로 철딱서니 없는 사람들이 아닌가?

어떤 사람들은 또 말한다. 언제까지 잘못된 역사에 발목 잡혀 있어야 하느냐고. 옳은 말이다. 더 이상 거기에 발목 잡히지 않기 위해서 하루 빨리 털고 가야 한다. 지금 하지 않으면 언젠가는 또 문제가 생긴다는 것을 알아야 한다. 역사는 바르게 흐르는 속성을 지녔다.

또 친일파를 청산하는데 왜 직위와 계급에 제한을 두는지 모르겠다. 어느 계급 이상은 친일이고 어느 계급 이하는 친일해도 친일이 아니란 것인가? 군수 이상은 친일하면 안 되고 면서기나 순사는 친일해도 괜찮다는 것인가? 참 마음씨 너그러운 사람들이다. 아니면 자기네 부모가 그보다 더 낮은 계급이었으니 그렇게 한단 말인가?

친일파 청산은 그 자손까지 처벌하자는 이야기가 아니지

않는가? 다만 역사적으로 정리하고 후손에 교훈으로 삼으며 애국한 사람들은 찾아서 그들을 기리자는 것이 아닌가. 그래야 우리 후손들도 나라 사랑의 정신을 가질 수 있지 않겠는가.

자기의 아버지가 친일했다 하자. 그렇거든 솔직히 고백하고 사과하여 용서를 빌어야 할 것이 아닌가? 그것도 어려우면 가만히 있든지. 거듭 말하지만 그 자식의 출세를 막거나 징벌을 가하자는 일은 아니다. 선친의 잘못이 확실하면 자식으로서 부끄럽게 생각하고 용서를 빌어라. 그것만이 부모 대신에 애국하는 길이다. 김병연(김삿갓)은 선조의 잘못을 부끄럽게 생각하여 한 평생 삿갓 쓰고 다녔다지 않는가. 부모의 친일을 숨기고 심지어는 친일 행위자를 애국자로 둔갑시켜 출세에 눈이 어두운 사람은 친일한 부모보다 더 나쁜 잘못을 저지르는 것이다. 소수의 사람을 일시적으로 속일 수는 있어도 모든 사람을 영원히 속일 수는 없는 일이다. 언젠가 드러날 때 그 부끄러움을 어쩌려고 그러는지.

가정이나 개인적으로는 친일한 조상이라도 조상으로서 존경하고 받들어라. 그것까지 법으로 정하자는 것이 아니지 않는가?

저 세상에 계시는 아버님!

그 세상에서는 친일하다가 온 사람은 어떻게 처리했는지요? 행여 그 세상에서도 여기처럼 의견이 분분합니까? 아니 여기처럼 친일한 사람은 더 높은 자리에 앉아 호령하고, 출세하고, 더 잘사는 것입니까?

혹시 일제 강점기 때 면사무소 박서기를 만나지는 않으셨는지요? 그가 지금쯤 그 세상에서 군수나 국회의원은 하지 않는가요?

아버님! 행여 그를 만나더라도 통분한 마음을 참으시고, 그가 잘못을 빌고 회개하거든 그를 너그러이 용서하소서. 그래도 우리 민족이 아닙니까? 더불어 사는 사회에 핏줄이 다른 사람들까지도 손잡고 사는 터에, 우리는 다 같이 단군 할아버지의 자손이 아닙니까? 불량한 형제라도 형제는 형제니까요. 통분을 사기시고 평안히 잠드소서.

일제인간日製人間

27,8년 전 쯤이다. 나는 당시 시내 모 대학에 시간 강사로 출강하고 있었다. 강의 시간이 되면 응당 출석을 부르는데, 출석부 명단에 넉 자 이름이 있었지만, 우리나라 사람도 넉 자 이름을 가진 사람이 있으니 대수롭지 않게 여겼다. 그런데, 어느 날부터 그 학생이 결석하는 것이었다. 몇 번은 예사로 생각하고 넘어 갔지만 결석이 계속 되길래 학생들에게 물었다. 왜 이 학생은 나오지 않느냐고. 그런데 학생들 대답이, 그 학생이 일본인 학생이라는 것이었다. 그렇구나. 그러고 보니 결석하는 이유를 짐작할 수 있을 것 같기도 했다.

그 얼마 전, 한번은 강의 중 '조선어학회사건'에 관해 한 시간 가량 이야기한 적이 있었다. 그러면서 일본의 우리말 말살 정책을 통렬히 비난하고, 조선어학회사건 당시의 일을 일일이 설명하면서 그들의 극악한 실상과 함께 한국인 출신 일본 형사들의 못된 짓까지도 낱낱이 이야기했다. 나는 내가 맡은 과목이 무엇이건 반드시 '조선어학회사건'은 학생들에게 이야기했다. 그러자니 자연 일본에 대한 감정이 격해졌을 테고, 또 평소에도 내가 일본 이야기가 나오면 조금 감정이 지나치게 노출되는 편이라, 그날도 좀 격한 어조로 이야기했음이 분명했으리라.

그 자리에 일본 학생이 끼어 있었다니… 하기야 일본 학생이 있는 줄 알았다면 내 감정이 더 노출되었을지도 모르는 일이지만.

그러니 그 다음 시간부터 그 일본 학생이 내 강의에 나오지 않았다는 것을 알게 되었다. 그렇거든 끝까지 내 강의를 포기해야 할 것인데, 학기말이 되어 시험을 치르고 답안지철을 한 장씩 넘기면서 채점을 하다 보니, 아니 이게 웬 일인가. 그 학생의 답안지가 나오지 않는가. 더구나 거기에는 답은 형편없이 적어 놓고 답안지 끝에다 '교수님께' 하고 편지 형식의 글을 써 둔 것이었다.

글 내용은 대략 '일본 학생인데 한국이 좋아 한국을 배우려고 유학을 왔다. 지금 열심히 한국어를 공부하고 있는 중이나, 아직은 능통치가 않아 공부에 지장이 많고 강의 내용도 다 이해하지 못할 뿐 아니라, 답안도 완전하게 작성할 수 없으니, 학점만 좀 내 주면 열심히 공부하여 한국을 일본에 소개하는 데 힘을 다하겠다.' 이런 뜻이었던 것 같다.

그래서 생각하다가 그래 열심히 해 봐라는 뜻에서 학점을 내 준 적이 있다.

그 후 얼마쯤 지났을까. 나는 길거리에 가다가 깜짝 놀랐다.

당시에는 길거리에서 주간지들을 펼쳐 놓고 팔았는데, 그 옆을 지나다가 펼쳐 놓은 어느 주간지 표지에 커다랗게 쓴 그의 이름을 발견했다. 그래서 주간지를 사서 한 장을 넘기니, 그 일본 학생의 기사가 주간지 두 면에 걸쳐 나와 있었다. 내용은 대략 이러했다.

그 일본 학생은 일본에서 고등학교를 졸업하고, 삼년 동안 대학에 들어가려고 입학시험을 쳤으나 실패하여, 이젠 거의 일본에서는 대학에 들어갈 가망이 없었다. 그런데 그의 애인이 우리 재일동포 처녀였다. 그 재일동포 처녀가 장차 자기의 남편감이니 어떻게 하든지 이 학생을 대학에 보내려고 한국에다 유학을 알선해서 대학을 다닐 수 있게 해준 것이었다. 그 당시에는 일본 학생이 우리나라에 유학 온다는 것은 대단히 힘들었던 것으로 안다.

그 재일 동포처녀 집안은, 비록 일본에 살고 있어도 민족정신이 투철하여, 형제들을 중학교, 고등학교 때부터 한국에 보내서, 한국에 있는 학교에 다니게 했다. 당시에 그 처녀의 남동생 둘이 이곳 부산에 와서 중학교, 고등학교를 다니고 있었다. 그래서 장차 남편이 될, 이 일본 남학생을 부산에 있는 대학에 유학을 시키고, 그 처녀의 남동생들과 함께 영도 어디에다 하숙방을 구해 같이 하숙을 하게 했다. 그런데 문제는 그 다음부터였다.

이 학생이 부산의 모 대학에 유학 오니 한국 여대생들로부터 인기가 대단했다. 매일같이 데이트 신청을 하는 한국 여대생들이 강의만 마치면 줄을 섰다는 것이다. 뿐만 아니라, 당시만 해도 자가용이 귀하던 시절인데, 강의가 끝나면 자가용을 가진 여대생들이 자가용을 교문 앞에 세워 놓고 그 학생을 납치하다시피 한 여학생들이 한 둘이 아니었던 것이다. 당시에 자가용을 굴린다는 것은 돈이 아주 많은 사람이 아니면 불가능했다. 물론 운전사도 딸려 있었다. 요즘처럼 누구나 운전하는 시대가 아니었다. 가정에서 부모의 적극적인 협조 아래 자가용까지 동원하여 딸의 데이트를 도왔던 것이다. 일본놈 사위 하나 보고 싶어서였다. 그의 하숙집에는 날마다 모여드는 여대생들로 장사진을 쳤다는 것이다. 드디어 그 일본 학생은 재일동포 처녀의 동생들과 같이 있던 하숙집도 옮기게 되었다. 그리고 그 얼마 후 부산에 있는 유수 회사의 전무 딸과 결혼을 하게 되었던 것이다.

이 사실을 뒤늦게 알게 된 재일동포 처녀가 한국에 나와 보니, 벌써 결혼 청첩장이 다 돌았었다. 그 당시엔 결혼 청첩장에 결혼식 주례의 이름까지 써 넣던 때였다. 그들의 결혼 청첩장에 박힌 결혼식 주례가 바로 당시 부산시 교육감이었던 이모씨였다.

내가 주간지에서 읽은 내용은 대개 이런 것이었고, 결혼 날짜는 그로부터 1주일쯤 후인 것으로 기억한다. 이와 같은 내용과 함께 재일동포 처녀의 이야기가 실려 있었다. 그 처녀는 어떻게 하든지 법적으로라도 해결하겠다는 내용과 그 일본 학생에 대한 배신감 같은 것이 실려 있었던 것으로 기억한다.

감정에 치우쳐서는 안 되는 일이지만, 나는 그 때 학점 미달이었던 그에게 학점 준 것을 매우 후회했다.

그때는 지금과 달라 일제라면 사죽을 못 쓰던 시대였다. 우리 국산 제품은 아직 일제에 비해 모든 것이 조잡했고, 지금도 비교적 그런 편이지만 일제라면 그렇게 좋아하던 시대였다.

참 한심한 일이다. 일본에서는 거의 대학도 포기한 일제(日製) 인간이지만, 한국에 오니 갑자기 훌륭한 신랑감이 되어 한국 여대생들이 구름처럼 몰려들었다니, 이 어디 말이나 될 법한 소린가. 지금은 많이 달라졌을 것으로 생각하지만, 어찌 우리나라 사람은 일본을 그렇게 짝사랑하는가? 물건은 그쪽 것이 좋다고 하니 또 그렇다고 치자. 그런데 인간조차도 일제를 좋아한다니 참으로 수치스럽다.

아직도 우리나라 사람 중에는 그 일본 강점기 때를 그리워하는 사람들이 많이 있다. '기미가요'를 들으며 눈을 지그시 감고 그때를 그리워하는 한국인들, 모를 일이지만 그것도 추억이니, 추억은 항상 아름답게 느껴지고, 그 때를 추억하는 일은 어쩌면 인간 본능인지도 모르겠다. 허기야 나이 많은, 일제 때 교육을 받은 사람이니 오죽하랴. 과거에 어느 대통령은 기분이 좋으면 사석에서 일제 군복 입고 일본 노래 부르기를 좋아했다고 하더라만…

요즘 사람들 중에도 철없는 한국인이 많다. 정계에, 경제계에, 문화계에, 교육계에 아직도 일본을 찬양하는 사람들이 상당수 있을 것이다. 어느 인사는 독도는 일본 땅이니 하루 빨리 돌려주라고 하지 않던가. 어느 가수는 일본 방송국에 가서 일본이 한국보다 한 수 위라고 하지 않던가. 그들을 본받을 일이 있어 본받는 것까지 비난할 생각은 추호도 없다. 정신 좀 차리자는 것이다. 이제 일본 문화가 개방되면 어떠한 일이 생길지 두렵다. 우리에게 있어 일본은 다른 외국과는 좀 다르게 생각해야 할 필요가 있다. 일본 문화를 개방하지 않아도 일본풍이 판을 치는 판에 이제 어찌될지 모르겠다. 한류열풍 뒤에 숨은 그들의 민족성을 한번 되새겨 볼 필요가 있을 것이다.

철없는 한국인, 일제가 아무리 좋더라도 인간까지 일제를 좋아해서야 어디 되겠는가. 우리 다 같이 철 좀 들자.

시대를 달리하는 두 문필가

어제가 우리로서는 국치일(國恥日)이다. 1910년 8월 29일, 우리나라와 일본은 한일 합방조약을 체결한 날이어서 우리는 '경술국치일'이라 부르는데, 이 치욕적인 날을 우리는 잊어버리고 지난다. 신문에도 이날을 언급하지 않고 넘어가고 있다.

요즘 정계의 이슈가 되어 있어, 자칫 거기에 편승하는 느낌이 있는 듯해서 될 수 있으면 좀 자제하려고 생각하나, 8월이 다 가고 있고 국치일이 어제로 지나갔으니 느끼는 바 있어 적어 본다.

모든 것을 바치리

이 광 수

황은지극(皇恩至極) 하옵시니

피로써 나라를 지키라고 말씀 하옵신지 얼마 안 되어 이제 또 정치력으로 황철(皇澈)을 익찬(翼贊)하여 받들라고 하옵신다. 조선의 아들들이 총을 들고 전선에서 싸우는 것과 같이 충성스런 경륜을 안고 의정단상(議政壇上)에 나서리.

병역의 엄숙한 의무이며 존귀한 황민(皇民)의 특권이었듯이 국정 참여는 공민(公民)의 특권인 동시에 극히 엄숙한 의무이니라.

황국은 앞서 삼천만의 폐하의 고굉을 더하였음과 같이 황국은 이제 또 삼천만의 보필(輔弼)의 신(臣)을 더하였다.

일억일체(一億一體)로 황국을 지키사 일억일체로 황모(皇謨)를 익찬하자. 이제 피(彼)와 차(此)가 없다. 오직 하나이다.

자, 조선의 동포들아
우리들이 있음으로써 더 큰 싸움을 이기게 하자.
우리들이 있음으로써 대아시아 건설을 완수시키자.
이러므로써 비로소 큰 은혜에 보답하여 받들음이 되리라.

아아, 조선의 동포들아,
우리 모든 물건을 바치자
우리 모든 땀을 바치자
우리 모든 피를 바치자
우리 충성에 불타는 머릿속을, 심장을 바치자.
동포야 우리들, 무엇을 아끼랴
내 생명에서 나온 것이라고 말하지 말지어다.
내 생명 그것조차 바쳐올리자.
우리 임금님께, 우리 임금님께.

1945년 1월 18일 〈매일신보〉에 발표된 이광수의 시다.
다음은 소설가 이◯◯씨가 밝힌 과거사 논란 관련 견해다.

"…지금 과거사 조사할 때냐. 문화와 역사에 맡겨두는 게 맞다. 바쁜 의원들이 거기에 모든 것을 쏟아 부어야 하느냐.

과거사 조사의 원론에는 동의하지만 방법과 내용 기준 시기 등에서 다 문제가 있다고 본다. 친일의 내용이 뭐냐. 기준이 없다.

프랑스와 비교하는데 말도 안 된다. 프랑스는 4년 8개월이고, 우리는 36년간이다. 단순히 시기상의 문제만이 아니다. 프랑스는 전시점령이다. 괴뢰정부가 있었지만 바깥에 자유 프랑스 정부가 존재했다. 결국 전시부역한 사람의 문제다. 전시부역은 용서하기 어렵다. 그러나 우리는 36년간 국제법상으로 합법적으로 합방됐다.

합방 당시 태어난 아이는 36살이 되도록 식민지 지배를 받고 살았다. 프랑스와 똑 같이 비교하는 건 우습다. 시기상으로도 현재 국회가 위원회를 만들어 올인하듯 이 문제에 전부 쏟아 붓는 게 옳으냐."

—문화일보 2004. 8. 20

문필가는 그 민족이 나아갈 방향을 제시해 준다. 그래서 문필가는 민족을 선도한다고 한다. 그 의무를 지고 있는 것이다. 문학가가 제시하는 방향이 옳지 않으면 그것은 일반 국민에게 엄청나게 잘못된 결과를 가져 오게 한다. 보통의 국민 한 사람의 생각과는 천양지차다.

위에 두 작가는 거의 반세기 전후에 해당하는 시기에 활동했을 뿐 아니라, 두 사람 모두 우리 문학사에 길이 남을 대표적인 작가이다.

나는 이광수의 〈흙〉이란 소설을 감명 깊게 읽은 기억이 있다. 그때만 해도 민족주의 작가로만 알고 있었다. 그러나 한 번 변절하고 나서는 엄청난 민족 반역 행위를 했다. 위에 보인 글에서 보다시피 우리민족을 황국신민을 만드는데 최선을 다한 사람이다.

이◯◯씨는 현재 활동 중인 작가로 대중적 인기도 상당한 줄 안다. '오늘의 작가상' '동인문학상' '대한민국문학상' '중앙문화대상' '이상문학상' '현대문학상' '대한민국문화상' 등의 상을 수상하여 가히 그가 대가임을 알 수 있을 것 같다.

그런데, 이 분이 이광수와 같은 시대에 활동했다면 어떻게 되었을까 하는 생각이 든다. 일제 36년을 국제법상 합법이라 하고 합법한 시대에 산 사람을 무엇으로 청산하자는 것이냐고 하고, 역사에 맡기자고 한다. 프랑스는 4년 8개월이고 우리는 36년이니 과거를 밝히는 것은 옳지 않다는 뜻인가. 프랑스는 전쟁 중이었고 우리는 그렇지 않다고 했는데, 우리도 그 36년간 만주 벌판에서 끊임없이 독립전쟁을 치러왔다. 프랑스는 그 동안 합법정부가 있었고 우리는 그렇지 않다고 했는데, 우리도 상해 임시정부가 있지 않았느냐. 이◯◯씨가 한일합방을 얼마나 연구하고 조사하고 일제시대 왜놈들이 얼마나 약탈하고 악랄하게 탄압했는지를 조사 연구했는지 모르나(아마 우리나라 대표 작가이니 이런 것은 다 알고 하는 말임이 분명하리라), 이 모두가 합법이란 말인가. 그의 말마따나 참 우스운 이야기이다. 민족의 방향을 제시해야 할 작가의 망언이 여기까지 이르다니 참으로 한심하기 그지없다. 그의 말에는, 원론에 동의한다고 했다가 시기와 기준, 목적이 문제라고 했다가 역사에 맡기자고 했다가 한일합방을 합법이라 하니 이 무슨 망발이냐. 한심한지고!

어느 소설가에게

안녕하십니까?

나는 평범하게 늙어가는 한 늙은이올시다.

오늘 아침 동아일보 월요포럼 난에 선생의 글을 읽고, 몇 가지 생각하는 바 있어 이 글을 올립니다.

〈인간을 어찌 흑백으로 평가하랴〉라는 제목으로 선생은 "노무현 정부 집권 2년 동안 개혁을 밀어붙인 후 파생된 사회적 갈등은 이분법적 사고의 편 가르기다"라고 단정하고, "성장의 분배에서 소외된 채 가난을 대물림한 빈곤층, 의무교육 혜택이 고작인 서민대중, 극우로부터 '불순분자'란 오명을 쓰고 희생된 분들, 독재에 항거해 수난 당한 분들이 영화를 독식한 보수 진영을 몰아붙인다면 그 억하심정에 이해가 간다. 하지만 고등교육 혜택을 받고 안정된 직장에 정착한 진보 진영의 일부 학자들이 정부의 '과거사 진실규명'에 편승해 이분법적 편 가르기 식 주장을 펴는 것은 지나친 감이 없지 않다."라고 하여, '과거사 진실규명'을 반대하는 듯한 논리를 폄으로써 선생도 또한 스스로 이미 이분법적

논리에 들어가 있음을 잊으신 듯합니다. 또 억하심정이 없는 사람이나 고등교육의 혜택을 받고 안정된 직장에 정착한 사람들은 과거사 진실규명에 동조해서는 안 된다는 논리로, 지극히 개인주의적 사고로만 행동을 요구하는 것 같아서 언짢은 감이 없지 않습니다.

이어 선생은 도스토예프스키의 "카라마조프의 형제들"의 등장인물의 다양한 성격을 제시하고 "도스토예프스키는 인간을 이분법적 흑백논리로 파악하지 않았다. 불완전한 존재인 인간의 내면이야말로 풀 수 없는 수수께끼로, 인간의 마음 속에는 성스러움과 추악함, 도덕적인면과 비윤리적인면, 선과 악이 공존하여 끊임없이 갈등을 일으키기 때문이다"라고 하였습니다.

옳으신 말씀입니다. 과거사 진실규명을 하자는 사람도, 하지 말고 덮고 넘어가자는 사람도 그들 내면에는 다 양면성, 아니 다양성을 가지고 있을 것입니다. 인간의 내면뿐이겠습니까. 우리 사회도 다양한 인간들로 구성되어 있지요. 그 다양한 인간들을 어찌 내 의견에만 동조하라고 강권하겠습니까? 과거사진실규명을 해야 한다는 의견도 있을 수 있고, 하지 말자는 의견도 있을 수 있는 것이니, 내가 어느 쪽을 택한다 해도 그들을 비방하거나 욕할 수는 없는 일이지요.

선생은 또 정치에 관한 몇 가지 이야기를 했고, 나는 선생의 의견에 동조하지 않지만 나는 그런 것에 대해 이야기하고 싶지는 않습니다. 나는 그런 얘기를 할 만큼 전문적인 지식도 쌓지 못했고, 더구나 정치가 어떠니 하는 일에 대해서는 구역질이 나서 이야기하기도 싫으니, 그런 문제는 그

만두기로 하겠습니다. 나는 선생의 아침 신문 글 중에서 다음 얘기에 더 관심을 가졌습니다.

"소설가 이광수와 시인 서정주의 친일문제도 그런 관점에서 본다. 인정해야 할 과실은 준엄하게 짚되, 그분들이 남긴 문학적 유산은 그 공적만큼 평가해야 옳다. 대학 신입생 필독 도서목록에 빠지지 않는 '무정'을 뺀다면 오늘의 우리 문학은 아비 내치는 자식 격이요, 서정주 시를 빼고 우리 근대시를 논함은 목차의 주요 대목을 들어내는 꼴이다.

인간이기에 어쩔 수 없었던 남루한 행적에서 우리는 역사적 교훈을 깨닫고, 기려야 할 점을 높여주는 데에 인색해서는 안 된다. 허물없는 인간이 없듯 비판만이 능사가 아니니 너희도 언젠가 비판당할 것이다."

이렇게 선생은 그 글을 끝냈습니다. 구구 절절이 옳으신 말씀입니다. 그러기에 지금까지 교과서나 문학사를 연구하는 분들이 그들의 작품을 높이 평가하고, 중고등학교 교과서에까지 그들의 작품이 실리게 된 것이죠. 내 경험을 얘기하면, 나는 고등학교 때 이광수의 소설 〈흙〉이나 〈무정〉을 읽고 감동 받은 바 컸고, 어쩌면 그것이 내 진로에도 영향을 미쳤을지도 모를 일입니다.

내 우문한 탓으로 누구의 말인지는 알지 못하지만 '문학가는 민족이 어려울 때는 민족의 횃불이 되어야 한다'고 했던가요. 이 말을 선생은 어떻게 생각하십니까? 그들이 그 잘난 재주로 일본을 위해 우리 청년의 목숨을 바치라고 외친 사실을 선생은 어떻게 생각하십니까? 그것도 단순히 "남루한 행적" 정도인가요?

또 일본군 가미가제에 자원 입대한 조선 청년을 기리는 '송정오장 송가'를 어떻게 생각하십니까? 그리고는 '일본이 그렇게 빨리 망할 줄 몰랐다, 적어도 몇 백 년은 갈 줄 알았다'라고 한 서정주의 변명을 선생은 그저 '남루한 행적'을 가진 사람의 변명쯤으로 생각하십니까?

"〈전략〉
우리의 동포들이 밤과 낮으로
정성껏 만들어 보낸 비행기 한 채에
그대, 몸을 실어 날았다간 내리는 곳
소리 있이 벌이는 고흔 꽃처럼
오히려 기쁜 몸짓 하며 내리는 곳
쪼각쪼각 부서지는 산더미 같은 미국 군함!

수백 척의 비행기와
대포와 폭발탄과
머리털이 샛노란 벌레 같은 병정을 싣고
우리의 땅과 목숨을 뺏으러 온
원수 영미 항공모함을
그대
몸뚱이로 내려져서 깨었는가?
깨뜨리며 깨뜨리며 자네도 깨졌는가…

장하도다
우리의 육군항공 오장(伍長) 마쓰이 히데오여

너로 하여 향기로운 삼천리의 산천이여
한결 더 짙푸르른 우리의 하늘이여
〈이하 생략〉"

—서정주「송정오장 송가」중에서

그는 이렇게 힘차게 노래했지요. 그러다가 군사정권 시절에는 전두환 예찬시를 썼지요.

"한강을 넓고 깊고 또 맑게 만드신 이여
이 나라 역사의 흐름도 그렇게만 하신 이여
이 겨레의 영원한 찬양을 두고두고 받으소서
새맑은 나라의 새로운 햇빛처럼
님은 온갖 불의와 혼란의 어둠을 씻고
참된 자유와 평화의 번영을 마련하셨나니
〈이하 생략〉"

—서정주의「처음으로」중에서

일제시대는 일제에, 군사정권 시대에는 군사 정권에, 이렇게 권력에 아첨하던 그의 행적을 어떻게 보십니까? 요즘 많은 지탄을 받고 있는 정치가들도 정당만 옮겨도 욕을 먹습니다. 하물며 정신을 작품에 쏟아 붓는 문학가가 민족을 배신했다면 그들의 문학 정신이 우리 문학사에 업적을 남겼으니 옳다고 보아야 합니까? 아무리 민족을 배반하더라도 좋은 작품만 남기면 된다고 아이들에게 가르쳐야 합니까? 선생 말대로 우리는 언제 "준엄한 심판"을 내려 봤습니까?

나는 서정주씨가 '벌레 같은 병정' 이라던 그 미군을 광복 후에 보고 어떤 생각을 했을까 궁금해지네요. 전두환씨가 백담사에 들어갈 때 서정주씨가 행여 따라가지나 않았나 궁금해지네요. 대통령 하고도 29만원밖에 안 남은 것을 알면 행여 저승에서라도 그를 도와줄까요?

만약 선생이 그 시대 소설가나 시인으로 활동했더라도 그 '남루한 행적' 을 어쩔 수 없이 남겼겠습니까?

이 글을 쓰다 보니 날짜가 하루 지나 3월 1일이 되었군요. 3.1절이지요.

김○○ 선생, 선생은 하필이면 3.1절을 하루 앞둔 날, 그들을 변명하는 글을 썼습니까? 이왕이면 독립운동 하다 옥사한 이육사나, 일제에 항거하여 옥살이를 하고 절필까지 한 그런 문인들을 좀 소개하지 않고요.

많은 문학상을 받으시고 분단작가로 널리 알려진 김○○ 작가님, 부디 건필하시고 행복하소서.

3.1절에 한 늙은이가 드림

낙동강생명문화축제 유감

내가 낙동강을 가슴에 품고부터 낙동강과 관련되는 책자가 있으면 사 모으고 낙동강과 관련되는 행사가 있으면 가고 싶어졌다.

그래서 부산환경운동연합에서 주최하는 '낙동강 강연회'에 몇 번 참석한 적이 있었다. 그 강연회 소식을 신문을 통해서 보고 내가 스스로 찾아간 것이다. 그런데 어찌 된 영문인지 대여섯 사람 앉혀 놓고 강연이라고 하고 있어서 실망했지만, 그래도 부득이한 경우 한 번을 빼고는 다 참석했다. 그랬더니 부산환경운동연합 총무간사로부터 환경의 날을 맞아 낙동강생명문화축제를 창녕에서 연다고 참석하겠느냐는 전화가 와서 내가 알아서 가겠다고 했다. 그 행사가 오늘이다.

10시에 시작한다는 이야기를 들었으므로 아침을 먹고 늦을세라 서둘러 내 차로 창녕과 창원 사이를 잇는 본포교 근처를 갔다. 강가에 텐트를 쳐놓은 것이 금방 행사장이란 것을 알 수 있었다.

강가에 임시 주차장을 만들고 모래톱에 텐트를 치고 준비가 한창이었다. 불도저가 와서 행사장에 들어가는 길을 내고 임시 주차장을 만들고 있었다. 멀리 안동에서 온 관광버스도 서 있는 것을 봐서 많은 사람들이 오는 모양이다. 낙동강을 사랑하는 사람이 이렇게 많구나 하는 생각도 들고 한편으로는 든든한 생각도 들었다.

그런데 내가 시간을 잘못 안 것인가? 그곳에서 물으니 오후 3시에 시작한다고 했다. 나는 행여 싶어 부산 팀이 올까 거의 두 시간을 넘도록 주위를 서성대며 구경하다가 돌아오고 말았다.

백사장에 마련된 식장에는 의자들이 가지런히 놓여 있고 무대 모양의 단을 만들고 있었다. 행사장 의자에는 국회의원 세 사람을 비롯해서 일일이 이름을 붙여 놓았다. 뉴스에 들으니 환경부 장관도 온다는 것이었다. 나는 더 이상 거기에 있을 이유가 없었다.

그런데 한 가지 유감스러운 것은 낙동강 사랑 어떻고 하면서 낙동강 가에 대형 주차장을 만들고, 모래톱 식장에 들어가기 위해 불도저가 와서 차가 들어갈 수 있을 정도의 넓이로 길을 내고 있으니, 이 무슨 역설인가. 행사도 행사려니와 장관도 오고 국회의원 도의원도 오고 많은 사람들이 참석할 것이니 길을 내야 하는 것은 당연한 일인지도 모르겠다. 그러나 강둑을 잘라서 그렇게 넓은 길을 내어 가면서까지 그런 행사를 거기서 해야 하나 하는 생각이 들었다. 그 행사 하나로 낙동강은 얼마나 파괴되는지를 생각한다면 행사를 하지 않는 것만 못한 것이 아닌가.

모든 일이 다 그렇겠지만 낙동강 사랑은 낙동강 보존에서 출발해야 할 것이다. 낙동강을 사랑한다면서 강둑을 불도저로 밀어 길을 내고, 주위에 먹거리 장사가 모이고, 사람들이 구름처럼 모인다고 한다면 응당 강은 훼손되고 말 것이니, 이런 행사를 왜 한다는 말인가. 물론 뒤에 원상태로 복구하겠지만 이미 한번 허물어진 환경이 복원한다고 잘 되겠는가.

꼭 해야 할 필요가 있다면 강을 훼손하지 않고 하는 방법을 강구해야 할 것이다. 예를 들면 가까운 공터나 학교 운동장 같은 곳을 빌려서 할 수 있을 것이다. 낙동강 사랑 행사가 낙동강 훼손 행사가 된다면 이야말로 사랑하기 때문에 죽이는 역설과 무엇이 다르랴.